Hizmet von

IM GEDENKEN AN FETHULLAH GÜLEN

Prof. Dr. Christoph Bultmann

Christoph Bultmann ist Inhaber der Professur für Bibelwissenschaften an der Fakultät für Erziehungswissenschaft der Universität Erfurt. Seine Forschungsschwerpunkte sind biblische Hermeneutik, Exegese und die Rezeption der Bibel. In Die Gülen-Bewegung – zwischen Predigt und Praxis (2011) analysierte er die Werte der Bewegung, wie Bildung und Dialog, sowie ihre Rolle zwischen Tradition und Moderne.

Edirne ist eine Stadt mit zwei besonders eindrucksvollen Moscheen, der Selemiye-Moschee und der Üç-Şerefeli- Moschee. Für mich ist es immer eine bewegende Vorstellung gewesen, dass Fethullah Gülen im Jahr 1958 von Erzurum aus, also aus der Region in der Türkei, in der er aufgewachsen war und seine frühe Bildung erhalten hatte, nach Edirne reiste, um dort eine Anstellung als Imam anzustreben. Nur wenige Wochen nach seiner Ankunft und nachdem er bei der staatlichen Religionsbehörde in Ankara sein offizielles Examen als Prediger abgelegt hatte, erhielt er eine Position als Imam an der Üç-Şerefeli-Moschee, an der er dann für mehr als zwei Jahre bis in den Herbst 1961 wirken sollte.[1] Ich bin mir sicher, dass zu einem passenden Zeitpunkt in der Zukunft eine kleine Mamortafel an der Mauer des Hofes der Moschee angebracht werden wird, um an Gülens Wirken dort zu erinnern. Wenn in der Hizmet-Bewegung immer wieder einmal die Aufforderung von Gülen zitiert wird: „Baut Schulen, nicht Moscheen!“, dann frage ich mich, ob im Hintergrund dieser Aufforderung nicht auch seine Kenntnis von einigen außergewöhnlich schönen Moscheen steht. Werden solche Moscheen richtig gewürdigt, dann verschaffen sie allen, die sie besuchen oder auch nur Bilder von ihnen betrachten, eine ästhetische Erfahrung, die für ein ganzes Leben kräftig bleiben wird. In Edirne hat Gülen in seinen frühen Jahren mit der Üç-Şerefeli-Moschee und der Selemiye-Moschee sowie einigen kleineren Moscheen glanzvolle sakrale Architektur kennengelernt. Diese Erfahrung verband sich mit den Herausforderungen der Koraninterpretationen in der Zeit der Wissenschaft und der reichen philosophischen und literarischen Kultur der Moderne.

Im Jahr 1966 begann Fethullah Gülen seine Predigt- und Lehrtätigkeit an der Kestanepazarı-Moschee in Izmir, an der er dann für fünf Jahre bis zu dem politischen Aufruhr des Militärputsches von 1971 wirken sollte. Dabei scheute Gülen nicht die kritische säkulare Öffentlichkeit,

- **1986** / Gründung der Zeitung Zaman („Zeit“), um über aktuelle Themen zu informieren und einen Dialog unter andersdenkenden Menschen zu fördern.
- **1988** / Beginn der Chefredaktion der Zeitschrift Yeni Ümit („Neue Hoffnung“), die sich auf zeitgemäße Auslegungen von religiösen und ethischen Themen konzentrierte.
- **1992** / Förderung von Schulgründungen in Zentralasien und auf dem Balkan, was die Internationalisierung der Bewegung einleitete.
- **1993** / Beginn der Veröffentlichung der englischprachigen Zeitschrift The Fountain Magazine, die Leser aus aller Welt erreicht.
- **1994** / Gründung der Journalisten- und Schriftstellerstiftung (GYV); Initiierung von interreligiösen und interkulturellen Dialogveranstaltungen im Kontext Türkei.

INTERNATIONALE ANERKENNUNG UND DIALOGINITIATIVEN

- **1998** / Treffen mit Papst Johannes Paul II. im Vatikan, ein Zeichen seines Engagements für interreligiösen Dialog und globalen Frieden.
- **1998** / Beginn der Veröffentlichung der Zeitschrift Fontäne, die Artikel auf Deutsch anbietet.
- **1999** / Übersiedlung in die USA aus gesundheitlichen Gründen; Fortsetzung seiner gesellschaftlichen, intellektuellen und spirituellen Beiträge von dort aus.
- **2001 (01.12.)** / Beginn der Veröffentlichung der Kırık Testi („Der zerbrochene Krug“) genannten Gespräche: praxisbezogene Sohbets zur spirituellen Vervollkommnungsreise.
- **2003** / Beginn der IFLC-Botschaften (International Festival of Language and Culture) zur Förderung von kultureller Begegnung und Dialog unter Schülerinnen und Schülern.

1998 - 2012

- **2004 (13.05.)** / Botschaft an das interreligiöse Symposium „Religionen und Frieden im Licht Abrahams“ in Mardin, Unterstützung des interreligiösen Dialogs und eine Botschaft für eine gemeinsame Fakultät der Abrahamitischen Gläubigen
- **2006 (14.09.)** / Stellungnahme zu Aussagen von Papst Benedikt XVI. über den Islam, Förderung eines respektvollen Dialogs zwischen den Religionen
- **2008** / Teilnahme an internationalen Veranstaltungen und Interviews, um die Werte der Hizmet-Bewegung global zu kommunizieren. Er wird von der angesehenen Fachzeitschrift für internationale Beziehungen, Foreign Policy organisierten Umfrage zum größten lebenden Intellektuellen gewählt.
- **2009 (26.05.)** / Konferenz über die Hizmet-Bewegung an der Universität Potsdam in Deutschland.

HERAUSFORDERUNGEN UND SELBSTBESTIMMTE ABSTINENZ

- **2013 (17.–25.12.)** / Ereignisse in der Türkei führen zu Spannungen zwischen der Bewegung und der AKP-Regierung. Die Hizmet-Bewegung sieht sich mit erheblichen Herausforderungen konfrontiert.
- **2015 (23.11.)** / Symposium „Universelle Werte und die Hizmet-Bewegung“ in Frankfurt, um die Kernprinzipien der Bewegung zu diskutieren.
- **2016 (16.07.)** / Aufruf Gülens zur Einrichtung einer internationalen Kommission zur Untersuchung der Ereignisse vom 15. Juli in der Türkei.

2013 - 2024

- **2017** / Trotz Schwierigkeiten bestehen weltweit in etwa 100 Ländern 767 Schulen und Universitäten, die von der Bewegung inspiriert sind.
- **2016–2024** / Gülen zieht sich aus dem öffentlichen Leben zurück, setzt jedoch seine schriftlichen Arbeiten und spirituellen Unterweisungen fort.
- **2024** / Fethullah Gülen nimmt Abschied und hinterlässt eine Vision von globalem Frieden, interkulturellem und interreligiösem Dialog, Bildung, Menschenrechtsinitiativen und humanitärer Hilfe.

im Gegenteil, er ermutigte Fragen und versuchte, Antworten zu geben. Hier entwickelte er die grundlegende Idee einer Unterstützung von Studenten durch Wohnplätze, später auch durch Wohnheime, in denen ein religiöses Leben, gestaltet durch die täglichen Gebetszeiten und ein gemeinsames Koranstudium, gepflegt werden konnte, ohne politischer Verfolgung ausgesetzt zu sein. Dieses Sohbet-Modell von religiösem Gespräch stärkte auf der einen Seite das Bewusstsein einer persönlichen Frömmigkeit, während es auf der anderen Seite eine religiöse Praxis zur Unterstützung anderer in der Gesellschaft freisetzte. Die Ursprünge von Hizmet als einer Bildungsbewegung und als einer Bewegung zur Förderung eines zivilen Islam liegen nach meinem Eindruck an dieser Stelle. Die Kultur der kleinen Sohbet-Kreise stellte für die Anhänger der Predigt und Lehre von Gülen einen besonderen Schutzraum für den religiösen Diskurs bereit. Die Anhänger konnten für sich eine Selbstständigkeit entwickeln, die durch die Sohbets, zu denen Gülen selbst einlud, angeregt war. Ich vermute, dass die Motivation für die weit ausgreifenden Aktivitäten, besonders die Bildungsaktivitäten und Schulgründungen der Hizmet-Bewegung mit großer internationaler Reichweite, im Wesentlichen in diesem Gesprächskontext liegen, in dem Reaktionen auf die islamspezifische und zugleich humanistische Inspiration konzipiert werden konnten, die durch Fethullah Gülens Predigten und Predigtkassetten und Druckschriften kommuniziert wurde. Die Anhänger Gülens blieben Teil eines religiösen Netzwerkes im Einverständnis mit der Deutung des Islam durch ihren verehrten Lehrer, auch wenn sie sich auf zahlreiche Länder über die Türkei hinaus verteilten.

> Die Ursprünge von Hizmet als eine Bildungsbewegung und als eine Bewegung zur Förderung eines zivilen Islam liegen nach meinem Eindruck an dieser Stelle

Zu den Texten, durch die Lehre und Predigt von Fethullah Gülen zu meiner Aufmerksamkeit kamen, gehören zahlreiche Texte, die – wenn ich

recht sehe – seit der Gründung der Zeitschrift Sızıntı im Jahr 1979 publiziert und später in Büchern zusammengefasst wurden. Seit 1996 ist eine erhebliche Anzahl dieser Bücher in englischen, dann auch in deutschen Übersetzungen zugänglich geworden. So liegen für Interessenten, die das Bildungsprogramm sowie die Gedanken zu einer verantwortungsvollen Demokratie und zu einem zukunftsfähigen zivilen Islam kennenlernen möchten, Abhandlungen in einem Band Aufsätze – Perspektiven – Meinungen (2004) oder einem Band Hin zu einer globalen Kultur der Liebe und Toleranz (2006) vor, für Interessenten, die im Kontext des interreligiösen Dialogs Einblicke in die Deutung des Islam durch Fethullah Gülen gewinnen möchten, die musterhaften meditativen Erläuterungen von Grundgedanken des Sufismus in den vier Bänden Smaragdgrüne Hügel des Herzens. Schlüsselkonzepte in der Praxis des Sufismus (2003 – 2010), und auf Englisch ein Band Reflections on the Qur'an. Commentaries on selected verses (2012). Gülen hat sich ohne Frage einen Platz in der Tradition des Sufismus erworben, ohne in die Richtung einer weltabgewandten mystischen Ordenskultur abzuschweifen. Ich kann mir gut vorstellen, wie seine Auslegungen von koranischen Texten oder von Dichtungen von Rumi oder Yunus Emre oder anderen Stimmen aus dem Sufismus in Sohbet-Konversationen für Debatten – erbaulich oder kritisch – bleibende Anregungen geben. Bei William Penn findet sich in einer Sammlung von Reflexionen und Maximen, die er 1693 publizierte, eine schlichte Sentenz wie die folgende: „Wir haben eine Berufung dazu, Gutes zu tun, so oft wir die Macht und die Gelegenheit dazu haben" („We have a call to do good, as often as we have the power and occasion") – in ihren unterschiedlichen Religionen brauchen glaubende Menschen oft gar nicht mehr als einen solchen Impuls, um sich ihren Mitmenschen zuzuwenden. Auch die Texte von Gülen laden zu ruhigen und umsichtigen Gedanken über eine zeitgerechte Auslegung anerkannter kanonischer Texte ein, und viele Leser und Leserinnen seiner Texte werden wohl sagen, dass sie einen großen Nutzen daraus gezogen haben, wie Gülen sie mit seinem intensiven und kreativen Nachdenken herausgefordert hat.

Der Sufismus macht den Islam zu einer großherzigen und warmherzigen Religion

Der Sufismus macht den Islam zu einer großherzigen und warmherzigen Religion. Wo Liebe und Schönheit im Zentrum des Glaubens und der Meditation stehen, bleiben interreligiöse Beziehungen nicht im Schatten von Arroganz und Kontroverse. In der modernen Religionswissenschaft ist der Begriff für eine offene und gleichberechtigte Beziehung zwischen den Religionen der Begriff „parity pluralism" (Rachel S. Mikva). Glaubende respektieren einander, sie schützen sich gegenseitig, sie sind miteinander verbunden in ihrer Wahrnehmung Gottes und in ihrem Einsatz für Frieden und Gerechtigkeit. Aus der christlichen Tradition darf man dazu an Dichtungen erinnern, in denen die Theologie der Schöpfung im Mittelpunkt steht wie zum Beispiel in einem Gedicht „Preis des Schöpfers" in einer Sammlung Geistliche Oden und Lieder des Leipziger Dichters C. F. Gellert aus dem Jahr 1757:[2] „Wenn ich, o Schöpfer! deine Macht,/die Weisheit deiner Wege,/die Liebe, die für alle wacht,/anbetend überlege:/so weiß ich, von Bewundrung voll,/nicht, wie ich dich erheben soll,/mein Gott, mein Herr und Vater!"//„Mein Auge sieht, wohin es blickt,/die Wunder deiner Werke./Der Himmel, prächtig ausgeschmückt,/preist dich, du Gott der Stärke!/Wer hat die Sonn' an ihm erhöht?/Wer kleidet sie mit Majestät?/Wer ruft dem Heer der Sterne?"//„Der Mensch, ein Leib, den deine Hand/so wunderbar bereitet;/der Mensch, ein Geist, den sein Verstand,/dich zu erkennen, leitet;/der Mensch, der Schöpfung Ruhm und Preis,/ist sich ein täglicher Beweis/von deiner Güt und Größe." Fethullah Gülen hat es verstanden, dem Aspekt der interreligiösen Beziehungen das Gewicht zu geben, das dieser Aspekt in einer Religion verdient.

Anmerkungen

1. Für alle Details der Biografie sei hier auf das Buch von Jon Pahl, Fethullah Gülen. Ein Leben des Hizmet, Berlin: Main Donau Verlag, 2022, verwiesen. Zum Vergleich hilfreich sind die Bücher von Bekim Agai, Zwischen Netzwerk und Diskurs. Das Bildungsnetzwerk um Fethullah Gülen [...], Hamburg-Schenefeld: EB-Verlag, 2004, 22008, und M. Hakan Yavuz, Toward an Islamic Enlightenment. The Gülen Movement, New York: Oxford University Press, 2013. Eine Zusammenfassung der Biografie Gülens findet sich in dem Buch von Ori Z. Soltes, Between thought and action. An intellectual biography of Fethullah Gülen, Clifton, NJ: Blue Dome Press, 2022, eine Kurzbiografie von Arhan Kardaş als Einleitung in dem Buch Kein Zurück von der Demokratie. M. Fethullah Gülen, hg. v. Faruk Mercan und Arhan Kardaş, Berlin: Main Donau Verlag, 2018.
2. Christian Fürchtegott Gellert, Werke, hg. v. Gottfried Honnefelder, Frankfurt am Main: Insel Verlag, 1979, Bd. 1, S. 215–307, Zitat S. 251 f. (Strophen 1, 2, 5 von sechs). Die Dichtung beruht zum Teil auf biblischen Psalmen wie Psalm 8 und Psalm 104 oder auf biblischen Dichtungen im Buch Hiob wie Hiob 38–39. Einige Dichtungen Gellerts sind von Ludwig van Beethoven 1802 vertont worden. Vgl. zu dem Dichter Gellert (1715–1769) in seiner Zeit den Band Christian Fürchtegott Gellert. Dichter, Dramatiker, Redner, hg. v. Alexander Košenina, Hannover: Wehrhahn Verlag, 2020.

Wer die Welt verbessern will, muss zuerst bei sich selbst beginnen. Man sollte zunächst das eigene Innere von Groll, Hass und Neid reinigen und das Äußere von jeglichem unangebrachten Verhalten freihalten, um ein Vorbild für die Mitmenschen zu sein.

Menschen, die ihr eigenes Inneres nicht im Griff haben, können keine tiefgreifende Begeisterung wecken. Wer den Kampf mit seinem Diktiernefs (innerem Trieb) nicht aufnimmt und seine eigene Gefühlswelt nicht erobert, bleibt wirkungslos. Egal wie glänzend ihre Botschaften auch am Anfang erscheinen mögen.

Diejenigen, die sich der Aufklärung der Menschen widmen, unermüdlich für ihr Wohlergehen kämpfen und denen, die in die Abgründe des Lebens geraten sind, eine helfende Hand reichen, sind erhabene Seelen, die sich selbst erkannt haben.

Diese erleuchteten Seelen sind wie Schutzengel der Gesellschaft: Sie stellen sich den Widrigkeiten, trotzen Stürmen und Flammen, und sind bei drohenden Erschütterungen stets wachsam und bereit.

Diese Helden der Liebe, die allem und jedem mit einem barmherzigen Lächeln begegnen, deuten selbst aus den auf- und untergehenden Sonnen sowie den aufleuchtenden und erlöschenden Sternen stets Botschaften der Liebe – und teilen diese mit der gesamten Menschheit.

—aus Perlen der Weisheit

EIN VERSTEHER DER KORANISCHEN OFFENBARUNG

Abdullah Aymaz

Fethullah Gülen Hodschaefendi und Abdullah Aymaz Hoca hatten eine enge, langjährige Beziehung innerhalb der Hizmet-Bewegung. Aymaz, 1949 in Kütahya geboren, ist ein prominenter Schriftsteller und Journalist sowie einer der frühesten und treuesten Weggefährten Gülens. Bereits in den 1960er-Jahren wurde er zu einem seiner engsten Schüler und trug maßgeblich zur Verbreitung von Gülens Ideen und Lehren bei, insbesondere durch zahlreiche Bücher, Artikel und Beiträge in bewegungsnahen Medien wie der Zeitung Zaman, wo er als Kolumnist tätig war. Ihre Beziehung ist geprägt von gegenseitigem Respekt, Vertrauen und gemeinsamen Zielen wie der Förderung von Bildung, interreligiösem Dialog und sozialem Dienst. Aymaz ist bekannt für seine Bemühungen, Gülens Botschaft von Toleranz, Frieden und Verständnis in verschiedenen Foren und Publikationen zu vertreten.

Nachdem ich in meinem Dorf das Lesen des Korans gelernt hatte, erhielt ich als Kind im Sarıgöl-Korankurs in Manisa eine Ausbildung in Koranrezitation, *Tedjwīd* und grundlegenden Arabischkenntnissen. Von dort kam ich nach Izmir. In Izmir hatte ich das Glück, Unterricht von versierten Gelehrten zu erhalten.

1966 kam M. Fethullah Gülen Hodschaefendi, damals erst 28 Jahre alt, nach Izmir. Seine erste Predigt hielt er in der *Hisar*-Moschee. Was mir in Erinnerung blieb, war sein Satz: „Ich werde Beispiele von den Gefährten des Propheten Muhammed (Friede & Segen sei mit ihm) geben, den lebendigen Auslegungen des Korans!“ Er kam als Prediger nach Izmir und wurde auch Direktor unseres Kurses und Wohnheims. Er war sehr würdevoll und ernsthaft. Sogar der Vereinsvorsitzende Ali Rıza Güven und unsere älteren Lehrer respektierten diesen jungen Hoca sehr. Onkel Ali Rıza Güven war ein angesehener Stoffgroßhändler mit Autorität in Izmir. Damit die Gesellschaft mit Respekt gegenüber Hodschaefendi umging, behandelte er ihn von Anfang an auch in der Öffentlichkeit mit großer Achtung.

Hodschaefendi behielt einen Teil seines Predigergehalts für seinen eigenen Bedarf und leitete den Großteil an Bedürftige weiter. Um die Bedürftigen nicht zu verletzen, geschah die Weiterleitung über unseren Freund Mehmet, der Schülervertreter war.

An einigen Tagen unterrichtete Hodschaefendi bis zum Abend und übernahm zudem Nachtdienste. Die Lehrer erhielten 10 Lira Gehalt pro Stunde. Für die Nachtdiensthabenden gab es 17,5 Lira. Zu den Essenszeiten gingen sie zum Essen hinunter. Eigentlich verdienten sie noch mehr als das. Hodschaefendi hingegen nahm keinerlei Bezahlung an und aß nicht vom Essen der Schüler. Wenn ein Gast, der zu seiner hölzernen Hütte kam, Brot oder Ähnliches für ihn kaufte, erstattete er ihnen den Betrag sofort. Auch die Kosten für den von ihm genutzten

Raum, den Strom und das Wasser beglich er mehr als ausreichend, obwohl all dies einer Person in seiner Funktionkostenfrei zustand.

Wir hatten in den Rechtsbüchern über das Fasten am Montag und Donnerstag sowie über die *Ishraq-*, *Duha-* und *Ewwabin*-Gebete gelesen, aber noch niemanden gesehen, der sie verrichtete. Hodschaefendi stand vor unseren Augen. Nach einiger Zeit begannen wir, unsere Namen auf eine Liste zu setzen mit der Bitte: „Wecke uns auch zum *Teheddjjud*-Gebet und zum *Sahur* für das Fasten am Montag und Donnerstag." Als wir dann alle gemeinsam aufstanden, empfanden wir in jenen Nächten eine Zufriedenheit wie an den Ramadan-Nächten.

Diese Lebensweise und die spirituelle Atmosphäre zogen uns an und faszinierten uns. Wir wollten auch so sein wie unser Mentor Hodschaefendi.

Mit Gottes Hilfe gedeihte und verbreitete sich Hizmet ...

Aus einem afrikanischen Land waren einmal vier Personen zu Besuch bei Fethullah Gülen Hodschaefendi. Diese Gäste hatten in Medina studiert. Sie sprachen perfektes Arabisch und Englisch. Unter Tränen umarmten sie Hodschaefendi und machten Fotos. Sie sagten: „Wir dachten immer wieder, ob wir ihn wohl jemals mit unseren eigenen Augen sehen könnten. Gott sei Dank sind wir jetzt zusammen. Wir haben *Hadith, Tafsir, Fiqh* und *Kalām* studiert. Zwei von uns sind Professoren. Ein Freund von uns arbeitet in den Medien und leistet Dialogarbeit. Ein anderer Freund ist stellvertretender Vorsitzender in der Präsidentschaft für Religionsangelegenheiten. Aber heute erkennen wir, dass wir nicht wussten, was der Koran in erster Linie von uns verlangt! Sie haben uns Hizmet-engagierte Freunde geschickt; als wir Ihre ins Arabische

> Ich werde Beispiele von den Gefährten des Propheten Muhammed (Fsmi) geben, den lebendigen Auslegungen des Korans!

und Englische übersetzten Werke durch sie lasen, haben wir gelernt, wie wir heute die Botschaften des Korans repräsentieren sollten. 70 % der Bevölkerung unseres Landes sind Christen, 20 % Muslime und 10 % gehören anderen Religionen an. Die Regierung ist in christlicher Hand. Diese christlichen Führer sagen zu uns: ‚Bringt den jungen Leuten die Bücher von Fethullah Gülen bei, denn seine Ideen sind das Gegenmittel gegen den Terrorismus!'"

Der Historiker Prof. Dr. Ziya Nur Aksun schreibt in einem seiner Bücher über Sufi-Orden: „In Konya, zur Zeit von Alaaddin Keykubat, hält der Großwesir im Hangah eine Gewandzeremonie[1] ab, alle Berühmtheiten sind anwesend, in einer Ecke sitzt ein noch wenig bekannter Derwisch. Plötzlich steht er auf und spricht: ‚Oh ihr heutigen Helden, Heilige, Gelehrte, Prediger, Scheichs! Wie lange noch werdet ihr Überlieferungen von den Vergangenen wiederholen und sagen: Dieser sagte dies, jener sagte das?'

Zu beachten ist, dass diese Personen die Helden ihrer Zeit waren, sie haben aus dem Koran und der Sunna das Wichtigste für ihre Zeit herausgeholt. Ihr seid die Helden von heute; gibt es unter euch niemanden, der sagen kann: ‚Mein Herz hat mir von meinem Herrn berichtet', und der aus Koran und Sunna die Wahrheiten verkündet, die Heilung für die Leiden unserer Zeit bringen?"

Dieser Derwisch war Schams-i Tabrizi, der zum Wegweiser vom weltbekannten Großmeister Mewlana Celaleddin Rumi wurde.

M. Fethullah Gülen Hodschaefendi war ebenfalls ein Intellektueller und zugleich Spiritueller mit erstaunlichem Gedächtnis, Intuition und enormer Entschlossenheit und Eifer, der neben den islamischen Wissenschaften auch in den modernen Wissenschaften sich ein ernsthaftes Wissen angeeignet hatte.

> Bringt den jungen Leuten die Bücher von Fethullah Gülen bei, denn seine Ideen sind das Gegenmittel gegen den Terrorismus!

Er hat niemals das Unterrichten seiner Schüler vernachlässigt. Selbst unter den schwierigsten Bedingungen hat er niemals darauf verzichtet.

Deshalb wurden seine Antworten auf Fragen, die während dieses Unterrichts und während der *Sohbets* gestellt wurden, verschriftlicht und als Bücher publiziert. In diesen Antworten gibt es völlig neue Interpretationen zu verschiedenen Themengebieten. Sie werden sofort bemerken, dass er mit der Gnade, die er aus der klaren Quelle von Koran und Sunna schöpft, unsere Zeit anspricht.

Es scheint, als hätten sie nichts ungesagt gelassen, was heute gesagt werden muss ... Zudem leuchten sie auch der Zukunft den Weg. In Angelegenheiten des Verstandes, des Herzens und des Gewissens, die die Menschheit braucht, haben sie mit den Wahrheiten des Korans Heilmittel und Heilungen angeboten.

Als ich 1992 in die USA kam, sprach die amerikanische Presse über Ali Rıza Bozkurt als „the Amazing Turk" (der erstaunliche Türke). Wir lernten ihn kennen und erklärten ihm Hizmet. In Kasachstan und Aserbaidschan gab es Ölvorkommen. Er hatte dort unsere Kollegien und Universitäten besucht. Bei seiner Rückkehr nach Istanbul stellten ihm die Journalisten am Flughafen Fragen. Er sagte: „In der türkischen Geschichte gibt es drei große Revolutionen. Die erste ist die Eroberung Istanbuls; ein Zeitalter wurde geschlossen und ein neues eröffnet. Die zweite sind Atatürks Revolutionen. Die dritte ist Fethullah Gülens Bildungsrevolution."

Möge Gott ihm barmherzig sein und uns helfen, sein Vermächtnis zu bewahren.

Anmerkungen

1. Im Sufismus (islamische Mystik) hat die Gewandzeremonie eine besondere Bedeutung. Hier wird einem Schüler oder Derwisch von seinem spirituellen Meister eine Robe, oft als *Khirqa* bezeichnet, überreicht. Diese Robe symbolisiert die spirituelle Initiation und die Übertragung von Wissen, Weisheit und Segen *(Baraka)* vom Meister auf den Schüler. Die Zeremonie markiert den Abschluss einer bestimmten Phase der spirituellen Ausbildung und den Beginn einer neuen Stufe auf dem mystischen Weg.

"

Bei Demokratie, Pluralismus und den Menschenrechten hat es wichtige Fortschritte gegeben. Das sind aber keine Werte, die allein in der westlichen Welt und nur in moderner Zeit aufkamen. Wir sehen, dass die Entwicklung der Demokratie unterschiedlich gehandhabt wurde, dass Verbesserungen durchgeführt wurden und dass überprüft wurde. Der Begriff Demokratie wird mit Wörtern wie sozial, liberal, christlich, direkt, repräsentativ oder parlamentarisch verbunden, obwohl sich diese Eigenschaften teilweise gegenseitig ausschließen.

Die Prinzipien, die die Fundamente der Demokratie sind, und die Regierungsform stimmen mit islamischen Werten überein. Werte und Prinzipien, die der Islam wie auch die Demokratie akzeptieren, sind Beratung, Gerechtigkeit, Religionsfreiheit, der Schutz der Rechte von Individuen und Minderheiten, das Recht eines Volkes zur Wahl seiner Regierung, die Verantwortung der Regierenden für ihre Tätigkeiten und die Unzulässigkeit der Despotie einer Minderheit oder Mehrheit. Die allgemeinen Prinzipien des Islam hinsichtlich der Regierungsform sind also kein Hindernis für die Umsetzung der Demokratie. Sie bieten sogar eine geeignete Grundlage dazu."

—aus „Kein Zurück Von der Demokratie", S.136

"

MEINE BEGEGNUNG MIT FETHULLAH GÜLEN

Michael Langer

Michael Langer (*11. August 1960 in Bamberg) ist ein deutscher römisch-katholischer Theologe. Er ist seit 1999 außerplanmäßiger Professor für Religionspädagogik an der Universität Regensburg, seit 2012 ist er zudem Professor an der Kirchlichen Pädagogischen Hochschule Wien/Krems. Langer ist seit 1988 Diakon des Erzbistums München und Freising. Gemeinsam mit Yasemin Aydin hat Langer das Buch „Gülen im Gespräch: Woran ich glaube – wofür ich lebe" herausgegeben.

Fethullah Gülen getroffen zu haben, gehört zu den Glücksfällen meines Lebens. Unserer persönlichen Begegnung vorausgegangen war eine mehrjährige Kooperation mit dem Institut Friede in Wien. Mit dem damaligen Obmann, Dr. Ismail Tokmak verband mich eine persönliche Freundschaft. Darüber hinaus gab es eine gut funktionierende Zusammenarbeit zwischen meinen Studierenden und dem Wiener Institut. Die Nachfolgerin von Ismail, Yasemin Aydin, führte unsere Kooperation professionell weiter. Mit der Zeit entstand bei mir die Idee, in einem kleinen Bändchen Fethullah Gülen nach den großen Fragen von Religion, Politik, Geschichte und Spiritualität zu befragen. Der damals gewählte Untertitel „Woran ich glaube, wofür ich lebe" trifft unser Anliegen genau. Frau Aydin organisierte die Logistik dieses Unternehmens und wir kamen bei eiskaltem Wetter zum Jahreswechsel in den USA an. Unterkunft und Betreuung erfolgten sehr großzügig durch Mitglieder der Bewegung. Zwei Nachmittage hintereinander konnten wir mit Gülen sprechen. Der Themenkreis unserer Gespräche war breit gefächert. Das Anliegen war, die Ideen der Bewegung für breite Kreise verständlich darzustellen. Es ging darin um Fragen des Dialogs zwischen Juden, Christen und Muslimen, des persönlichen Gottesglaubens, des Betenlernens, der dramatischen Veränderungen in der Welt und um Tod und persönliches Sterben; Fethullahs Liebe zu den Tieren beendeten die Gespräche. In meiner Erinnerung bleibt ein liebenswürdiger alter Herr, voll von Weisheit und mit einem lauteren Herzen.

In der Retrospektive waren Yasemin Aydin und ich überrascht, welch breiten Themenkreis wir besprochen haben. Im Nachhinein bedauere ich, dass wir nicht noch Fragen der Ethik in unseren Katalog aufgenommen haben. Es wäre interessant was uns der große Gelehrte über Fragen von Lebensanfang und Lebensende, LGBTQ und anderes zu sagen gehabt hätte. Zum Abschluss unserer Besuche schenkte mir Fethullah Gülen einen kostbaren Flakon mit von ihm selbst zubereitetem Parfüm und – was mich wirklich rührte, ein Paar Hausschuhe aus Cord. Niemals werde ich diese Begegnung vergessen und ich freue mich darauf, diese herausragende Persönlichkeit im Himmel wiederzutreffen.

DEN BAUM AN SEINEN FRÜCHTEN ERKENNEN

Ercan Karakoyun

Ercan Karakoyun ist deutscher Soziologe und Autor türkischer Herkunft. Er leitet die Stiftung Dialog und Bildung, die die Hizmet-Bewegung von Fethullah Gülen in Deutschland vertritt.

Mit seinen Lehren und Schriften hat Fethullah Gülen weltweit tausende Menschen zu zivilgesellschaftlichem Engagement motiviert. Seit Jahrzehnten engagiert sich die *Hizmet*-Bewegung in Bildungsarbeit, Dialogprojekten und gemeinnützigen Initiativen. Ihre Werte und Prinzipien sind tief in einem humanistischen Weltbild verwurzelt, das sich für Frieden, gegenseitigen Respekt und ein gemeinsames Miteinander einsetzt. Die Ideen Fethullah Gülens, die die Bewegung prägen, fördern den interkulturellen Austausch und den Aufbau stabiler, friedlicher Gesellschaften.

Diese Aktivitäten, die weltweit in anerkannten Bildungseinrichtungen, Sozialprojekten und gemeinnützigen Organisationen verwirklicht werden, beweisen: *Hizmet* steht für Bildung und Mitmenschlichkeit.

Ein außergewöhnliches Zeichen der Verbundenheit

Ein aktuelles und deutliches Zeichen der Haltung und Werte der Hizmet-Bewegung war die Trauerfeier für Fethullah Gülen, die kürzlich in Pennsylvania stattfand. Nahezu 20.000 Menschen versammelten sich in einem Baseballstadion – in respektvoller Stille, ohne politische Parolen, ohne Provokationen, lediglich im stillen Gedenken. Menschen aus aller Welt waren angereist, um Abschied zu nehmen und dabei ihre friedliche Verbundenheit mit der Bewegung zum Ausdruck zu bringen.

Selten wurde in einem westlichen Land eine muslimische Persönlichkeit mit einer so großen Anteilnahme verabschiedet. Von Australien bis Simbabwe berichteten die Medien weltweit über dieses Ereignis. Auch in der Türkei war die

Trauerfeier ein Thema, das für eine Woche die Schlagzeilen dominierte. Wenn auch mit Neid und Hass: Selbst die türkischen Medien berichteten nahezu in Echtzeit und übertrugen jede Minute der Bestattung live.

Repression in der Türkei, Wachstum im Westen

Während die Bewegung in der Türkei seit Jahren systematisch zerschlagen und ihre Anhänger verfolgt werden, ist sie in vielen Teilen der Welt weiterhin lebendig. In den USA, in Europa und in vielen weiteren Ländern setzen die Mitglieder der *Hizmet*-Bewegung ihre Bildungsarbeit, Dialogprojekte und sozialen Aktivitäten unbeirrt nach den Werten, die Fethullah Gülen formulierte, fort.

Notwendige Schritte für die Zukunft

Natürlich gibt es auch Themen, die innerhalb der Bewegung kritisch reflektiert werden müssen: Transparenz und Öffentlichkeitsarbeit sind Bereiche, die weiter ausgebaut werden sollten. Ebenso ist es an der Zeit, sich mit den Fehlern der Vergangenheit auseinanderzusetzen. All dies sind notwendige Schritte der Aufarbeitung auf dem Weg in die Zukunft und Zeichen der inneren Reife der Bewegung.

Die *Hizmet*-Bewegung ist lebendig und entschlossen, ihren friedlichen Weg fortzusetzen. Bildung, Dialog und ein respektvolles Miteinander bleiben die Grundpfeiler dieser Bewegung, die in einer zunehmend polarisierten Welt weiterhin Brücken baut und Menschen verbindet. Sie ist ein Modell für eine Zukunft, die auf Verständigung und gemeinsames Engagement setzt.

Die Lehre von Fethullah Gülen kann im Sinne des Zitats „Wie man den Baum an seinen Früchten erkennt, so erkennt man die Lehre an ihren Wirkungen“ (Lukas 6,43-45) betrachtet werden. Diese konkreten Früchte zeugen von der universellen und positiven Ausrichtung seiner Vision, die Frieden, Verständnis und gesellschaftlichen Fortschritt zum Ziel hat. Möge Allah seiner Seele gnädig sein und ihn mit seiner unendlichen Barmherzigkeit umgeben.

ÜBERLEGUNGEN ZUM ABSCHIED VON HODSCHAEFENDI

Ori Z. Soltes

Ori Z. Soltes, PhD, lehrt an der Georgetown University am Zentrum für Jüdische Zivilisation in einer Vielzahl von Disziplinen, die von Kunstgeschichte und Theologie bis zu Philosophie und politischer Geschichte reichen. Er ist Autor von Between Thought and Action: An Intellectual Biography of Fethullah Gülen (2022).

Als die Realität von Hodschaefendis Tod allmählich durch mein ungläubiges Bewusstsein in den ersten Tagen danach sickerte und als die Tatsache, dass er nicht mehr in unserer Welt ist, in meinen Geist eindrang, entwickelte sich allmählich ein Gefühl, das die Form – wenn ich es, wie ich es gewohnt bin, in ein (ziemlich banales) Bild fassen würde – eines emotionalen Sandwichs annahm.

Das „Fleisch" dieses Sandwichs besteht aus drei verwandten Formen von Traurigkeit. Ich bin überwältigt von Kummer und Trauer über den Verlust eines so wertvollen Menschen und der Erkenntnis, dass es keine weiteren Gelegenheiten geben wird, in seiner Gegenwart zu stehen oder zu sitzen, mit ihm zu sprechen und die Intensität von Intelligenz, Mitgefühl, Sorge für andere statt für sich selbst, aufrichtige und tiefe Demut und schlicht gesagt Charisma zu spüren, die ich in den letzten zehn Jahren ein paar Mal erleben durfte.

Dieses Gefühl von persönlichem Kummer und Traurigkeit wird begleitet von meinem Mitgefühl für die Zehntausenden von Menschen, nah und fern, die von der Faszination Fethullah Gülens, seiner Worte, seiner Taten, seiner Vision, erfasst wurden und die wie ich der Chance beraubt sind, seine greifbare Nähe erneut zu spüren. Subtiler ist die Trauer um all jene jungen Menschen, die von den Werten, Prinzipien und Lehren angezogen werden, die mit Hodschaefendi verbunden sind, ihn aber noch nicht persönlich getroffen haben und nun dieser Gelegenheit beraubt sind. Wer kann die Zahl dieser Menschen in der Zukunft berechnen?

Dieses dreifache Gefühl von Trauer ist jedoch eingebettet zwischen zwei freudigen äußeren Scheiben frischen, süß duftenden und schmeckenden emotionalen Brotes. Ich freue mich für Hodschaefendi, der auf seine eigene Art ein Sufi war, dass er zur Geliebten Quelle zurückgekehrt ist. Seine Rückkehr war sein ultimatives Ziel; es ist eine

Rückkehr, nach der er sich sehnte als Abschluss und Belohnung für die Erfüllung seiner Lebensaufgabe: die Gestaltung und Führung von Hizmet in unserer menschlichen Welt. Dieses Sehnen und die Rückkehr – und die Tränen, die er so oft in unserer Welt vergoss – erinnern mich an die Worte aus dem *Mesnevi* (Buch I) von Jelaleddin Rumi, die zusammen mit so vielen anderen Worten und Konzepten von diesem wunderbaren Sufi-Dichter des 13. Jahrhunderts stammen, mit dem Hodschaefendi eine so einzigartige spirituelle Beziehung teilte:

Höre die Geschichte, die die Flöte erzählt,
von der Trennung:
„Seit ich aus dem Schilfrohrfeld geschnitten wurde,
habe ich diesen weinenden Klang erzeugt.
Jeder, der von jemandem getrennt ist, den er liebt,
versteht, was ich sage.
Jeder, der von einer Quelle weggezogen wurde,
sehnt sich danach, zurückzukehren …“

Wie Rumi und andere Sufis ist Hodschaefendi dieses Schilfrohr, das – wie wir alle bei der Geburt – aus dem göttlichen Schilfrohrfeld gezogen wurde und sich danach sehnt, dorthin zurückzukehren. Der Sufi, der sich danach sehnt, in Liebe mit Gott wiedervereinigt zu werden, glaubt, dass Gott sich danach sehnt, mit dem Sufi wiedervereinigt zu werden: Der Liebende und der Geliebte sind der Geliebte und der Liebende.

Wenn die Freude über seine glückliche Rückkehr zum Schilfrohrfeld die eine äußere Scheibe meines emotionalen Sandwichs ist, so stammt die andere aus den gleichen Worten Rumis, geht aber über sie hinaus. Denn wir, die wir versucht haben, Hodschaefendis Werk und seine Vision voranzutreiben, sind das Schilfrohr, das seiner beraubt ist: Er ist das liebende und geliebte Schilfrohrfeld, von dem wir gewaltsam abgeschnitten wurden, aber wir sind auch die fortlaufende Erfüllung seiner Vision. Ich freue mich, wenn ich all jene um mich herum betrachte in der Gegend von Washington, D. C., wo ich lebe, bis hin zu den vier Ecken der Welt, die ich besucht habe, die unzähligen Mitglieder der Hizmet-Bewegung, die sich in gute Werke vertieft haben, inspiriert von ihm und seiner Vision. Diese reichen von der Gründung beispielhafter Schulen an tausenden Orten, oft (sogar in den Vereinigten Staaten), wo Schulen, und erst recht gute Schulen, nicht leicht zu etablieren sind; über die Bereitstellung von sauberem Wasser in abgelegenen afrikanischen Dörfern, wo sauberes Wasser in der Nähe nicht leicht zu finden ist; bis hin zu einer ständig wachsenden Zahl interreligiöser und multikultureller Programme, die Menschen verschiedener „Stämme“ zusammenbringen, damit sie einander kennenlernen können.

Das abgebrochene Schilfrohr, das schweigt, beginnt, schöne Musik zu machen, wenn der Atem des Lebens in Schilfrohr hineingehaucht wird: Es ist zugleich Gottes Geist, der das *Hizmet*-erfüllte Leben Hodschaefendis belebt, und auch seine unzähligen Anhänger, die von seinen Ideen beseelt und von seinen Lehren animiert wurden, um Harmonie in die Welt zu bringen. Ich freue mich, wenn ich an die großartige Rolle denke, die die *Hizmet*-Bewegung spielt, und daran, wie ihre Mitglieder unmittelbar nach Hodschaefendis Übergang enger denn je zusammengefunden haben, und ich lächle mit dem Gefühl einer außergewöhnlichen und schönen Zukunft von *Hizmet*, die ihn zum Lächeln bringen wird, während er beobachtet, wie wir voranschreiten, um Teil des Prozesses zu sein, die Welt in einer fortlaufenden und liebevollen Partnerschaft mit der Geliebten Quelle, zu der er selbst gerade zurückgekehrt ist, zu vervollkommnen.

This volume has two goals. One is to explore the life and the thought of Fethullah Gülen and the important educational and peace-inducing activities in which he and those inspired by him have been engaged for several decades. The outcome of those efforts—of creating schools and providing diverse social and cultural services that bring people together people from diverse backgrounds—has been to provide the face of civic and civil Islam as an antidote to the uglier side of political Islam. The second goal has been to make clear how the accusations against Mr. Gülen by the minions of Recep Tayyip Erdogan could hardly be more false: that what Gülen and the hizmet (service) movement that he has inspired are ultimately about is improving the world and saving it form its uglier inclinations. A brief discussion of his life and thought has been supplemented by the voices of more than 70 interviews conducted over several years, with individuals intimate and more distant but all inspired to be part of the process of serving humanity.

ISBN: 978-1682060315 | Hardcover
292 Seiten | 24,90 €

deinbuchshop.de

„

Ich schöpfe meine Kraft zum Leben aus der Hoffnung auf die Ewigkeit, auf eine Begegnung mit Gott. Wenn es eine humane Demokratie geben soll, dann muss sie mich mit alledem komplett annehmen, sie muss so gestaltet werden, dass sie alle meine Bedürfnisse befriedigt. Sie muss die Menschen umsorgen. Sie muss auch mittels adäquater Bildung den Raum für metaphysische Bedürfnisse ermöglichen. Sie darf keine Lücken lassen; die Schule, das Umfeld, die Religion und die Familie müssen den Menschen beistehen. Für meine Begriffe müssen in einer Demokratie alle Menschen berücksichtigt werden, es müssen Möglichkeiten und Wege geschaffen werden – sowohl für säkular orientierte Menschen, die auf der Welt zufrieden leben wollen, als auch für spirituell ausgerichtete Menschen, die mit dem Glauben an das Jenseits leben wollen. Auch die Demokratie macht einen Entwicklungsprozess durch – die Türkei ist zum Beispiel schon lange eine Demokratie, aber die Kriterien, die uns Kopenhagen aufzeigte, machten uns das Ausmaß unserer Schwächen bewusst – und dieser Reifeprozess wird Schritt für Schritt zur Vervollkommnung führen.“

—aus Kein Zurück Von der Demokratie, S. 117

“

ÜBER DEN TOD HINAUS IM DIALOG BLEIBEN

Hilal Akdeniz

Hilal Akdeniz ist Soziologin und Geschäftsführerin der Stiftung Dialog und Bildung (SDUB), die die Hizmet-Bewegung von Fethullah Gülen in Deutschland vertritt.

Das menschliche irdische Leben ist vergänglich. Das wissen wir und dennoch beklagen wir es immer aufs Neue. So ergeht es uns auch im Fall des Todes von Fethullah Gülen, unseres hochverehrten Hodschaefendi, der uns, wie wir fühlen, viel zu früh verlassen hat. Was machen wir jetzt ohne unseren Mentor? Wie geht es weiter? Geht es weiter? Diese und ähnliche Fragen wurden nur wenige Stunden nach dem Ableben weltweit in den Medien und Begegnungen gestellt. Berechtigt, wenn auch in der Stunde der Trauer etwas pietätlos, zumal niemand mit hundertprozentiger Gewissheit sagen kann, wie es mit absoluter Gewissheit vorangehen wird.

Hodschaefendi hat bereits vor Jahrzehnten Strukturen initiiert, die dafür sorgen, dass die Arbeitsabläufe und Aktivitäten von *Hizmet*-Einrichtungen reibungslos funktionieren. Weltweit laufen Projekte, die die Kerngedanken und Grundwerte der *Hizmet*-Bewegung verinnerlicht haben und auf lokale und regionale Bedürfnisse antworten. Gülen war nie persönlich anwesend, aber immer im Geiste dabei. Folglich wird sich in diesen Bereichen nichts verändern und die Arbeit der *Hizmet*-Engagierten wird selbstverständlich fortgeführt.

Das Bildungsengagement der *Hizmet*-Bewegung ist durch eine globale Infrastruktur von Schulen und Universitäten in über 140 Ländern gekennzeichnet. Diese bieten jungen Menschen unabhängig von Religion, Ethnie und Kultur Zugang zu qualitativ hochwertigem Unterricht. Dabei wird nicht nur akademische Exzellenz gefördert, sondern auch ein besonderes Augenmerk auf ethische Werte wie Toleranz, Verantwortung und soziale Gerechtigkeit gelegt. *Hizmet* betrachtet Bildung als einen wesentlichen Faktor zur Förderung einer friedlichen und pluralistischen Gesellschaft, in der Unterschiede nicht als Hindernis, sondern als Bereicherung verstanden werden.

Neben der Bildung stellt der interreligiöse und interkulturelle Dialog ein zentrales Element der Bewegung dar. *Hizmet*-Initiativen organisieren weltweit Begegnungen, Konferenzen und kulturelle Veranstaltungen, welche darauf abzielen, das Verständnis zwischen verschiedenen Glaubensrichtungen und Kulturen zu vertiefen. Diese Arbeit geht über die bloße Toleranz hinaus und zielt darauf ab, eine aktive Zusammenarbeit und Freundschaft zwischen Menschen mit unterschiedlichen Überzeugungen zu fördern. In einer zunehmend polarisierten Welt leistet die Bewegung somit einen Beitrag zur Schaffung von Räumen, in denen Respekt und gegenseitiges Verständnis gedeihen können. Es ist hervorzuheben, dass die Dialogarbeit häufig in Regionen mit komplexen Konflikten oder tiefen sozialen Gräben stattfindet.

Die Verbindung dieser beiden Ansätze ist das Alleinstellungsmerkmal der *Hizmet*-Bewegung, quasi ein Markenzeichen. Die Konzepte von Bildung und Dialog werden von der *Hizmet*-Bewegung als komplementär und sich gegenseitig verstärkend betrachtet. Die Förderung von Wissen und Begegnung wird als wesentlicher Faktor für die Schaffung einer gerechteren und friedlicheren globalen Gemeinschaft erachtet. In ihren Bildungsinstitutionen wird nicht nur akademisches Wissen vermittelt. Es werden auch Räume für interkulturellen Austausch geschaffen, in denen Vorurteile überwunden und gemeinsame Werte entdeckt werden können.

Hodschaefendi hat sich in den letzten Jahren immer wieder auf den Dialog bezogen. Rückblickend lässt sich feststellen, dass sich das Verständnis von Dialog immer wieder weiterentwickelt und modifiziert hat. Die bloße Begegnung und der Austausch waren längst nicht mehr ausreichend. Ziel war es, sich aktiv für Respekt, Verständigung und Frieden einzusetzen. Fethullah Gülen widmet in seinem Buch *Işık Karanlığı Boğarken* „Während das Licht die Finsternis besiegt" (Kırık Testi-19) ein Kapitel dem Dialog: „Beharren auf dem Dialog". Darin finden wir eine Diskussion über die Weiterentwicklung des Dialogbegriffs und Ansätze zur Veränderung der inhaltlichen Anforderungen und Notwendigkeiten des Dialogs. Gülens Dialogverständnis geht weit über ein Mindestmaß an Toleranz hinaus. Hodschaefendi glaubte an die Möglichkeit des Friedens durch Dialog. In diesem Kapitel wird deutlich, dass er keinen naiven, unrealistischen Ansatz verfolgt. Er ist sich sehr wohl der Herausforderungen und der drohenden Gefahren bewusst, die den Dialog verhindern wollen. Auch hier teilt er seine Gedanken und Empfehlungen – wir müssen auf den Dialog beharren!

„
Öffnet eure Herzen für die Welt, so weit ihr könnt! Denn derjenige, der in euer Herz eintritt, wird auch den Schönheiten dort begegnen

So ist es nicht verwunderlich, wenn er schreibt

„Öffnet eure Herzen für die Welt, so weit ihr könnt! Denn derjenige, der in euer Herz eintritt, wird auch den Schönheiten dort begegnen. Selbst wenn er sie nicht annimmt, wird er sie zumindest respektieren. Auch wenn er sie nicht respektiert, wird er zumindest Bedenken haben, euch zu schaden. Das wird ein wichtiger Gewinn für die kommenden Generationen sein, es wird Wut und Gewalt brechen, Konflikte und Kämpfe beenden und die Kluft zwischen ihnen schließen." *Işık Karanlığı Boğarken* – „Während das Licht die Finsternis überwältigt", S. 70. *(Kırık Testi-19)*.

Fethullah Gülen hinterlässt ein kulturelles Erbe von unschätzbarem Wert. Es liegt nun an uns, dieses zu schützen und zu ehren. Jeden Tag sollten wir uns in der Pflicht sehen, diesen Dialog zu pflegen und fortzuführen. Ähnlich wie bei einem Mantra sollten wir uns an Hodschaefendis Worte erinnern, die weit über seinen Tod hinaus wirken: „Wir können uns mit allen Menschen verstehen. Das ist unser genereller Ansatz. Wir können mit allen Menschen zur Einigung kommen, wir können alle Menschen umarmen." (*Gülen im Gespräch. Woran ich glaube. Wofür ich lebe.* Yasemin Aydin & Michael Langer. S. 21. Main Donau Verlag).

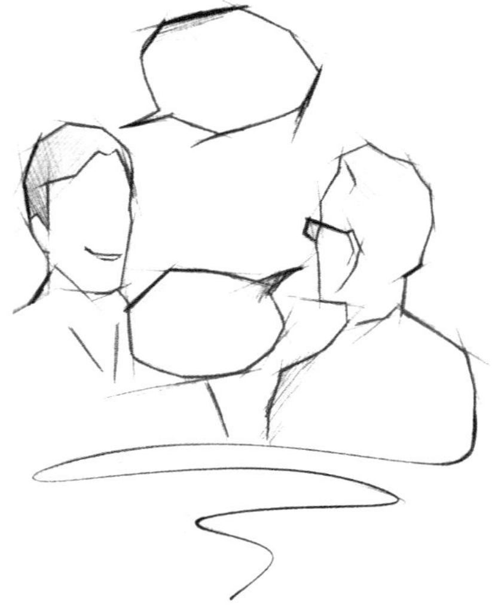

„ABER DIE WELT WIRD DICH VERMISSEN…“

Arhan Kardas

Dr. Arhan Kardas, geboren in Bolvadin, Türkei, ist Philosoph, Theologe, Autor und Übersetzer. Er lehrt seit 2016 an der Universität Potsdam, hat zahlreiche Werke veröffentlicht und forscht zu interkulturellen Themen, Menschenrechten und islamischem Recht. Chefredakteur des Main-Donau-Verlags.

Es war der 30. April 1989, als ich den Lehrmeister zum ersten Mal sah und hörte. Auf der Kanzel der *Pendik*-Moschee in Istanbul sprach er über „Das belebende Klima des Glaubens“. Er war damals 51 Jahre alt. Die Gemeinschaft in der Moschee war so sehr von einem besonderen Geist erfüllt, dass mir kaum etwas anderes im Gedächtnis blieb als das Weinen und die tiefe Ergriffenheit des Publikums.

Ich empfinde es als großes Glück, im Laufe der Zeit einen solchen Menschen des Herzens kennengelernt zu haben – einen Menschen voller Gottesliebe, Prophetenliebe und Menschenliebe. Was habe ich von diesem weisen Mann gelernt? Was in meinen jungen Jahren nur eine emotionale Wahrheit war, wurde mit der Zeit zu einer greifbaren Realität. Von ihm habe ich gelernt, das Sein, die Welt, die Menschheit und das Jenseits in ihrer Ganzheit zu betrachten. Glaube und Aktion, Gottesdienst und Tugend, die Liebe zu den Menschen allein um ihres Menschseins willen – all das habe ich durch ihn verstanden.

In ihm sah ich universelle Werte lebendig verkörpert. Er galt und gilt für mich als ein Universalgelehrter, mit universeller Weitsicht, dessen Ziel der vollkommene, universelle Mensch war – eine Basis für einen möglichen, dauerhaften Frieden.

Die gesamte *Hizmet*-Bewegung ist für mich eine Entfaltung der universellen Ansätze Gülens. Sie reicht von Kultur-Olympiaden bis zu Akademien, von Schulen und Universitäten über Medieneinrichtungen bis hin zu Menschenrechtsorganisationen und Instituten für interkulturellen und interreligiösen Dialog. Bildung, Dialog und humanitäre Hilfe verstand er als die drei Grundsäulen zur Lösung der Probleme unserer Welt. Er betonte stets: Der Geist jeder Handlung liegt in der Reinheit der Absicht, und das Ziel ist das Wohlgefallen Gottes – durch Friedensstiftung zwischen Menschen, Kulturen, Gesellschaften und polarisierten Gruppen. Er war ein Beispiel des vollkommenen Menschen und ein Ideal, das schwer nachzuahmen ist.

Der Lehrmeister stellte alle Klischees über den Islam auf den Kopf.

„Lebt, um andere zu beleben", anders übersetzt: „Lebt so, dass andere durch euch leben können."

„Zollt Respekt, selbst wenn man eure Meinung nicht teilen."

„Ein Muslim ist kein Terrorist, ein Terrorist ist kein Muslim."

„Wer den Propheten (Fsmi) am meisten entehrt, ist derjenige, der in seinem Namen Menschen tötet!"

„Nicht Vergeltung, sondern die friedliche Haltung Abels."

„Dem Schlagenden ohne Faust, dem Fluchenden ohne Wort werden wir begegnen – ohne Groll."

„Kein Zurück von der Demokratie!"

„Baut Schulen, statt Moscheen!"

„Vermählt das Herz mit dem Verstand!"

Das sind nur einige seiner bahnbrechenden Leitsätze, ausgesprochen in Zeiten globaler Unruhe und Orientierungslosigkeit in der Welt der Muslime. Den Begriff Dschihad definierte er als „das friedliche Abbauen aller Hindernisse zwischen Gott und dem Menschen".

Den Lehrmeister habe ich als einen Menschen mit tiefgründigem Glauben, unerschütterlicher Hoffnung, allumfassender Liebe und außergewöhnlicher Bescheidenheit kennengelernt. Dazu könnte ich zahlreiche Ereignisse schildern, die ich persönlich erlebt habe.

Mehr als hundert Aufsätze von ihm habe ich zwar ins Deutsche übersetzt. Hunderte seiner audiovisuell aufgezeichneten Gespräche und Vorträge habe ich mir angehört und angeschaut. Mehr als vierzig seiner Bücher habe ich gelesen. Dennoch frage ich mich immer noch, ob ich diese Stimme der Vernunft, diesen Ruf der Liebe, Belebung und Aufklärung in dem Ausmaß verstanden habe, wie es ihm gebührt.

> ” Nicht Vergeltung, sondern die friedliche Haltung Habils

Nach fünfunddreißig Jahren muss ich gestehen, dass ich nicht von mir behaupten kann, seine Botschaft in vollem Umfang und in ihrer ganzen Tiefe erfasst zu haben. Ich tröste mich zumindest mit dem Gedanken, dass ich ihm persönlich Fragen stellen konnte – und stets interessante, lösungsorientierte und überzeugende Antworten erhalten habe.

Ich spürte, dass dies nicht nur auf bloßer Informationsvermittlung beruhte. Der Lehrmeister zeichnet sich durch eine besondere Weisheit aus, die nahezu jeder in seinem schriftlichen Erbe erkennen kann. Die Menschen scharten sich nicht um die Projekte der *Hizmet*-Bewegung, weil Herr Gülen Wunder wirkte, sondern weil diese Projekte auf der genannten Weisheit, also Vernunft, Liebe und Nachvollziehbarkeit gründeten. Sein audiovisuelles und schriftliches Erbe wird uns

noch über Jahrzehnte begleiten, da längst nicht alles davon in Schriftform festgehalten wurde.

Als ich ihn zuletzt sah, war er 85 Jahre alt und begrüßte mich ganz leise mit einem „Willkommen“. Ich hatte fünf Fragen an ihn gerichtet, doch sie blieben alle unbeantwortet. Er war müde und erschöpft von den turbulenten Geschehnissen der letzten Jahrzehnte. Die Verfolgung und das Leiden der Freiwilligen, Studenten und Verwandten durch das ungerechte Regime zerrissen ihm das Herz. Die Zerstörung der *Hizmet*-Bewegung in der Türkei hat ihn tief getroffen. Ich konnte diesen Schmerz in seinem Gesicht lesen.

Wir waren nicht mehr als fünf oder sechs Menschen, die um ihn versammelt waren. Sein gesundheitlicher Zustand war besorgniserregend. Er hatte es stets abgelehnt, dass jemand seine Hand küsste, doch war er nun so erschöpft, dass er sich nicht einmal dagegen hätte wehren können. Kein einziges Wort wurde gesprochen, wir warteten nur still auf seine Worte in diesen fünf oder sechs Minuten. Das Letzte, was er zu uns sagte, war: „Gott möge mit euch zufrieden sein.“

> Menschen sind vergänglich, das Unvergängliche ist der Schöpfer

Tief bewegt von seinem gesundheitlichen Zustand verließ ich seinen Aufenthaltsort. Es war drei Monate vor seinem Abschied aus dieser Welt.

21. Oktober 2024.

Als ich von seinem Weltenwechsel erfuhr, konnte ich es kaum begreifen. Mein geistiger Vater, mein Lehrmeister – er müsste doch noch am Leben sein. Sofort flog ich zum Chestnut Retreat Center in Bethlehem, Saylorsburg, Pennsylvania, und sah nun ein, dass er tatsächlich zum Horizont seiner Seele emporgestiegen war. Tränen liefen über mein Gesicht, und doch bewahrte ich meine Fassung, wie er es uns stets vorgelebt hatte. Menschen sind vergänglich, das Unvergängliche ist der Schöpfer.

35 Jahren nach meiner ersten Begegnung versammelten wir uns scharenweise erneut um ihn – diesmal jedoch um seinen Sarg und Leichnam. Selbst sein Tod war ein Anlass für eine friedliche Wiederzusammenkunft, ein Anlass der Hoffnung, dass sein Erbe nicht fallengelassen werden sollte. Ganz im Gegenteil: Seine Gefährten, Studenten und die kommende Generation aus der ganzen Welt werden diesen Schatz weitertragen.

Tränen liefen erneut über meine Wange, diesmal aus Liebe zu meinem Lehrmeister. Gepriesen sei Gott, Der es mir ermöglicht hat, dich kennenzulernen. Gelobt sei der Herr, Der dich in unserer Mitte hervorkommen ließ. Für dich bin ich voller Freude, denn du bist nun zu deinem geliebten Gott und dem Gesandten gelangt. Aber die Welt wird dich vermissen.

20. November 2024, Berlin, München, Rom

„Der Aufstieg und Niedergang einer Gesellschaft hängt davon ab, mit welchem Geist und Bewusstsein die junge Generation ausgestattet wird und welche Erziehung und Ausbildung sie erhält. Gesellschaften, die ihre Jugend gut ausbilden, sind stets auf Fortschritt programmiert, während der Niedergang derer, die ihre Jugend vernachlässigen, unvermeidlich ist.“

—aus Perlen der Weisheit

„GÜLEN IM GESPRÄCH: WORAN ICH GLAUBE – WOFÜR ICH LEBE“

Eindrücke zum kurz vor seinem Ableben erschienenen Interview

Murat Yazgı

Murat Yazgı ist Geschäftsführer des VEZ NRW, ein Verband für Vereine in Nordrhein-Westfalen, die sich in den Bereichen Bildung, Kultur und Soziales engagieren.

Mit dem Tod von Fethullah Gülen, Hodschaefendi, veröffentlichte der VEZ NRW, ein Verband von Vereinen mit *Hizmet*-Engagement, eine Trauerbekundung. In diesem Nachruf verwiesen wir auf das neu erschienene Buch „Gülen im Gespräch: Woran ich glaube – wofür ich lebe“ von Yasemin Aydin und Michael Langer. Dieses Buch basiert auf einem Besuch der Autoren im Jahr 2018 in Pennsylvania und wurde erst am 20. Juli 2024 veröffentlicht. Der Zeitpunkt der Publikation mag auf den ersten Blick überraschen, doch der kürzliche Tod Fethullah Gülens hat das Interesse an seinem Vermächtnis deutlich erhöht.

Michael Langer hebt die Bedeutung des Buches in seiner Beileidsbekundung hervor: „Es ist sehr traurig, dass Fethullah Gülen von uns gegangen ist, aber sein Geist bleibt bei uns. Ich freue mich sehr, dass unser kleines Büchlein, in dem seine letzte Publikation enthalten ist, fast wie ein Testament wirkt.“

Das Buch bietet einen tiefen Einblick in Gülens Gedankenwelt und lädt dazu ein, über die Werte nachzudenken, die sein Leben geprägt haben. Besonders berührend ist eine Beileidsbekundung, die wir als Verband erhielten: „Ich bin gespannt auf ein ‚anderes Gespräch‘ mit Fethullah Gülen, der jetzt in einer uns unbekannten Dimension ist – so glauben wir, aus unterschiedlichen Richtungen, aber hin zu einem Gott.“

Mit dieser Vorfreude auf ein neues Gespräch möchte ich in das Buch einführen und die beeindruckenden Ideen Gülens weitergeben.

Ein tiefgründiger Dialog mit Fethullah Gülen

„Gülen im Gespräch: Woran ich glaube – wofür ich lebe“ gewährt einen einzigartigen Einblick in die Gedankenwelt und das Lebenswerk von Fethullah Gülen. In einem intensiven Austausch mit Michael Langer, Professor für katholischen Theologie, und der Sozialwissenschaftlerin Yasemin Aydin werden Gülens

Ansichten zu zentralen Themen wie Bildung, Jugend, Spiritualität und gesellschaftlichem Engagement beleuchtet. Dabei gelingt es dem Buch, nicht nur fundiertes Wissen zu vermitteln, sondern den Leser auch auf einer emotionalen Ebene anzusprechen und zu inspirieren.

Die Atmosphäre der Gespräche ist besonders bemerkenswert: Gülens tiefgründige Reflexionen sind durch eine außergewöhnliche Bescheidenheit geprägt, die in jeder seiner Antworten spürbar ist. Diese Eigenschaft machen das Buch nicht nur zu einer Quelle der Erkenntnis, sondern auch zu einer Einladung, über universelle Werte wie Mitgefühl, Gerechtigkeit und Menschlichkeit nachzudenken.

Das Buch eröffnet den Lesern die Möglichkeit, die Überzeugungen eines der einflussreichsten Denker unserer Zeit zu verstehen und darüber hinaus konkrete Anstöße für das eigene Leben und Wirken zu gewinnen. Diese harmonische Mischung aus intellektueller Tiefe und emotionaler Nähe macht das Werk zu einer ebenso bereichernden wie inspirierenden Lektüre.

Die zentrale Rolle von Bildung und Integration

Bildung nimmt im Denken Fethullah Gülens eine Schlüsselrolle ein, die weit über reine Wissensvermittlung hinausgeht. Für ihn ist Bildung der wichtigste Ansatzpunkt, um die Ursachen von Leid und Missständen wie Polarisierung, Armut und Unwissenheit anzugehen. Besonders betont er die Bedeutung eines umfassenden Bildungssystems, das sowohl formelle als auch informelle Prozesse integriert und universelle Werte wie Mitgefühl, Gerechtigkeit und Solidarität vermittelt. Diese Prinzipien sieht Gülen als Fundament für die Entwicklung einer humaneren und gerechteren Gesellschaft.

Er verweist daraufhin, dass bereits in den Lehren der Propheten und Gelehrten der Geschichte Bildungsideale angelegt wurden, die noch heute eine immense Relevanz besitzen. Diese Ideale umfassen Prinzipien wie Ruhe und Gelassenheit, Liebe und Fürsorge sowie Erleichterung statt Erschwernis. Es fällt jedoch auf, dass im deutschsprachigen Raum bislang kaum Werke existieren, die diese Werte aus islamischer Perspektive systematisch aufbereiten und zugänglich machen. Daraus lässt sich für mich als jemand, der in Deutschland sozialisiert wurde, eine wichtige Aufgabe ableiten: Die Bildungsideale der Propheten und ihre Relevanz für die heutige Zeit in deutscher Sprache zu erforschen und zu veröffentlichen. So könnten diese wertvollen Prinzipien einem breiteren Publikum zugänglich gemacht werden und zu einer Bereicherung des Bildungsdiskurses beitragen.

> „Integration bedeutet für ihn nicht die Aufgabe der eigenen Identität, sondern die harmonische Verbindung eigener Werte mit denen der Aufnahmegesellschaft

Für Gülen beginnt Bildung früh – idealerweise bereits im Kindesalter – und reicht bis zur universitären Ausbildung. Es sollte darauf abgezielt werden, das volle Potenzial der Menschen zu entfalten, ihr Gewissen zu schärfen und ihre Fähigkeit zu fördern, Solidarität mit ihren Mitmenschen zu entwickeln. Er beschreibt dies als einen humanistischen Ansatz, der das Individuum in seiner Ganzheit anspricht und somit in der Lage ist, Not und Leid in der Welt nachhaltig zu lindern.

„Eine gute Bildung kann die Welt verändern", ist eine der Kernbotschaften Gülens. Doch er betont, dass dies nur gelingen kann, wenn die Lehrpläne der Bildungseinrichtungen auf starke, universelle Prinzipien gegründet werden. Solche Prinzipien würden nicht nur intellektuelle, sondern auch moralische und spirituelle Werte fördern. Sie sind für ihn die tragenden Säulen, die eine harmonische Gesellschaft stützen können.

In aktuellen öffentlichen Diskursen rückt die Rolle von Ehrenamt und Wertevermittlung im Bildungskontext immer mehr in den Vordergrund.

Gülen ist überzeugt, dass Bildung auch eine Schlüsselrolle für Integration spielt. Doch Integration bedeutet für ihn nicht die Aufgabe der eigenen Identität, sondern die harmonische Verbindung eigener Werte mit denen der Aufnahmegesellschaft. Besonders hebt er hervor, dass Integration dann gelingt, wenn Vielfalt als Bereicherung verstanden wird. Dieser Gedanke verdeutlicht, dass Gülen Integration nicht als einseitigen Prozess betrachtet, sondern als Chance für ein gegenseitiges Lernen und Wachstum.

Durch Bildung und Integration können, so Gülen, Brücken zwischen

Kulturen und Religionen geschlagen werden, die die Menschheit näher zusammenbringen. Dieser Ansatz zieht sich durch die Arbeit der *Hizmet*-Bewegung, die weltweit Schulen gegründet hat, um genau diesen Idealen gerecht zu werden. Für ihn ist Bildung der Weg, um Menschen zu erheben und ihnen nicht nur Wissen, sondern auch ein tiefes Verständnis für die Werte der Menschlichkeit zu vermitteln.

Die Jugend als Hoffnung für die Zukunft

Fethullah Gülen betont die zentrale Rolle der Jugend als Fundament für eine gerechtere und bessere Welt. Er unterstreicht, dass die Charakterbildung bereits in den ersten Lebensjahren beginnt. Werte wie Empathie, Mitgefühl und Barmherzigkeit sollten früh gefördert werden, um eine Generation heranzubilden, die aktiv Verantwortung übernimmt und Lösungen für die globalen Herausforderungen unserer Zeit, wie Ungerechtigkeit und Polarisierung, sucht.

Gülen beobachtet allerdings, dass Glaubenshäuser für viele Jugendliche an Attraktivität verloren haben. Er sieht den Grund darin, dass sie oft nicht auf die Lebensrealitäten und Fragen der Jugend eingehen. Um diesem Trend entgegenzuwirken, plädiert er für eine grundlegende Reform der Religionspädagogik. Diese sollte die spirituellen und moralischen Werte des Glaubens auf eine Weise vermitteln, die junge Menschen anspricht und inspiriert. Für Gülen bedeutet dies, Werte wie Mitgefühl, Solidarität und Gerechtigkeit in den Vordergrund zu rücken, um die Jugend nicht nur religiös, sondern auch menschlich zu stärken.

Eine zeitgemäße Vermittlung dieser Werte könnte eine Jugend heranbilden, die ihr Potenzial entfaltet und zu einer treibenden Kraft für positive gesellschaftliche Veränderungen wird. Gülen sieht in dieser Generation die Hoffnungsträger, die mit ihren Fähigkeiten und Überzeugungen die Menschheit näher zusammenbringen und zu einem friedvolleren Miteinander führen können.

> Spiritualität ist für ihn daher nicht nur der Weg nach innen, sondern auch ein Aufruf zu Mitgefühl, Zusammenarbeit und Verständnis

Spiritualität als verbindendes Element der Religionen

Der Blick auf Spiritualität in diesem Buch unterstreicht ihre Bedeutung als tiefgreifende Erfahrung, die Menschen sowohl mit Gott als auch miteinander verbindet. Gülen beschreibt die Spiritualität als einen Weg des Herzens, der sie in Kontakt mit dem Göttlichen bringt und gleichzeitig für die Schönheit und Würde der gesamten Schöpfung öffnet. Besonders eindrucksvoll ist seine Darstellung des Herzens als „das sprechende Selbst", ein Ort, der nicht nur Emotionen und Gedanken beherbergt, sondern auch die göttliche Weisheit widerspiegelt. Für Gülen ist das Herz ein zentrales Element der spirituellen Reise des Menschen, ein Medium, durch das der Schöpfer erfahren werden kann.

Spiritualität, so Gülen, ist jedoch kein rein individuelles Erlebnis, sondern ein universelles Prinzip, das Brücken zwischen den Religionen bauen kann. Er sieht deutliche Parallelen zwischen der islamischen Spiritualität und der christlichen sowie jüdischen Tradition, insbesondere in der Sehnsucht nach einer direkten Verbindung zu Gott. Diese Verbindung führt, so Gülen, zu einer tiefen Liebe zur gesamten Schöpfung. Spiritualität kann helfen, Vorurteile abzubauen und Barrieren zu überwinden, da sie die gemeinsame spirituelle Grundlage der Religionen betont. Sie zeigt, dass der Kern des Glaubens die Suche nach Gott ist – eine Suche, die über konfessionelle Unterschiede hinausgeht.

Gülen betont auch die gesellschaftliche Dimension der Spiritualität. Sie lehrt den Menschen Demut und Empathie und fördert den Wunsch, dem Wohl anderer zu dienen. Diese Haltung sieht er als unverzichtbar für den interreligiösen Dialog und für eine Welt, in der Menschen trotz ihrer Unterschiede in Harmonie zusammenleben können. Spiritualität ist für ihn daher nicht nur der Weg nach innen, sondern auch ein Aufruf zu Mitgefühl, Zusammenarbeit und Verständnis. In einer Zeit zunehmender Spannungen und Konflikte bietet sie eine kraftvolle Perspektive, die Menschen und Kulturen miteinander verbindet und zur Überwindung von Trennlinien beiträgt.

Herausforderungen und Selbstkritik

Gülen zeigt in diesem Interview auch seine bescheidene und selbstkritische Seite. Er gibt offen zu, dass er sich immer wieder die Frage stellt, ob jemand anderes in seiner Position hätte mehr Gutes tun müssen.

Diese Reflexion ist nicht nur ein Ausdruck seiner Bescheidenheit, sondern auch ein Aufruf an die Leser, sich selbst kritisch zu hinterfragen und stets nach Verbesserung zu streben.

Besonders bemerkenswert ist sein Umgang mit Vorurteilen. Er erzählt, wie er in seiner Kindheit von feindlichen Erzählungen über Aleviten beeinflusst wurde und wie er diese Vorurteile durch Dialog und persönliche Begegnungen überwunden hat. Diese Offenheit zeigt, dass selbst tief verwurzelte Vorurteile überwunden werden können, wenn man bereit ist, sich auf andere einzulassen.

Fazit: Eine Einladung zum Nachdenken und Handeln

Dieses Buch ist weit mehr als Interview, ein Dialog; es ist eine Einladung, die eigenen Werte und Überzeugungen zu hinterfragen und sich für eine bessere Welt einzusetzen. Gülens Antworten sind tiefgründig, inspirierend und von einer Bescheidenheit geprägt, die in unserer Zeit selten geworden ist. Seine Botschaft der Liebe, des Mitgefühls und der Bildung bietet eine kraftvolle Vision für eine Welt, die oft von Konflikten und Missverständnissen geprägt ist.

Für Leser, die sich für interreligiösen Dialog, gesellschaftliches Engagement und spirituelle Themen interessieren, ist dieses Buch eine unverzichtbare Lektüre. Es erinnert uns daran, dass wahre Religiosität nicht in Abgrenzung, sondern in der Verbindung mit anderen liegt – sei es durch Bildung, Dialog oder die Liebe zur Schöpfung. In einer Zeit, in der diese Werte oft in den Hintergrund treten, bietet dieses Interview mit Gülen einen dringend benötigten Leitfaden für ein friedlicheres und gerechteres Miteinander.

LEBE WOHL, FETHULLAH GÜLEN

Jochen Thies

Jochen Thies, geboren 1944 in Deutschland, ist ein deutscher Journalist, Historiker und Autor. Er arbeitete für renommierte Medien wie „Die Zeit" und veröffentlichte zahlreiche Bücher über deutsche Geschichte und Politik. Thies gilt als anerkannter Experte für die deutsche Nachkriegsgeschichte und Deutschlands Rolle in Europa.

Zweimal wären wir uns beinahe begegnet, das eine Mal war ich bereits in seiner Nähe in den USA, das andere Mal verhinderte die unmittelbar bevorstehende Geburt meines ersten Enkels die Abreise. Eine Begegnung mit Fethullah Gülen – sie sollte nicht sein, obwohl sie ganz sicher zu einem intensiven Gedankenaustausch geführt hätte. Wir hätten uns an den Händen gepackt. Denn aus der Ferne, unterstützt durch Reisen in sein Heimatland, hatte ich mich jahrelang mit der Person beschäftigt, vor allem die Wirkung eines einzelnen Menschen auf Millionen von Zuhörern weltweit faszinierte mich.

Ich ging sogar eine Zeitlang mit dem Gedanken einher, eine Biografie über Fethullah Gülen zu schreiben, nachdem ich viele seiner Texte gelesen hatte. Ein Begriff stand nahezu gleichrangig neben dem Glauben im Zentrum seiner Ausführungen, das Wort „Bildung". Irgendwann gab ich den Plan auf, weil ich fand, mein Wissen und meine theologischen Kenntnisse würden nicht ausreichen, ein Buch über einen derartig bedeutenden Religionsführer zu verfassen. Ich setzte meine Erlebnisse und Erfahrungen mit meinen Freunden stattdessen an anderer Stelle um, ich schrieb ein Buch über die Schulen der *Hizmet*-Bewegung. „Wir sind Teil dieser Gesellschaft" war genau das, was Fethullah Gülen seiner Gemeinde bei einem Deutschlandbesuch in den 1970er Jahren gepredigt hatte. Eine der eindrucksvollsten Umsetzungen dieses Gedankens ist heute auf den Höhen von Stuttgart-Bad Cannstadt zu besichtigen, ein strahlend weißes Schulgebäude, das der Ministerpräsident von Baden-Württemberg, Winfried Kretschmann, einweihte. Unvergesslich in der Erinnerung bleibt mir die Wallfahrt von Tausenden, die diesem „schulischen Jerusalem" an diesem Tag mit größten Hoffnungen und Erwartungen entgegenstrebten. Zu glauben und dadurch Berge versetzen zu können, es stimmt!

Als Studienrat, der ich zu Beginn meiner beruflichen Laufbahn war, fiel es mir nicht schwer, Gülens Gedanken aufzunehmen und zu verfolgen. Als Schüler hatte ich die Ankunft der ersten türkischen Gastarbeiter in Deutschland erlebt, auch ihr Leben unter kümmerlichsten Bedingungen. Gülen gab ihnen Hoffnung: Und wenn sie es selbst nicht schaffen würden, dann ihre Kinder! Das Band zu den Türken blieb erhalten, ich traf sie im Zentrum für Türkeistudien, bei Bällen von Jungakademiker-Vereinigungen und schließlich bei *Hizmet*. Die Türkei, der Facettenreichtum ihrer Menschen, der Küchen, ihr Verbleib in Deutschland, zogen an meinen Augen vorbei. Ich hatte auf meinen zahlreichen Lesereisen mit deutsch-türkischen Themen immer ein Gefühl von Wärme, von menschlicher Nähe.

Überall, wo ich war, füllten sich Säle bis auf den letzten Platz. Einmal sprach ich in einem Kaufhaus in Hannover, das 400 Vorbestellungen für mein Buch zu verzeichnen hatte, ein anderes Mal in einem Teppichgeschäft im schweizerischen Bern. Es wimmelte von Ehrenamtlichen, in der Regel festlich gekleidet und alle mit offenen Gesichtern, die mir signalisierten: Ich bin Teil dieser Gesellschaft, ja, ich will es sein! Als sich in Deutschland der Wind drehte und die Erzählungen über *Hizmet* immer bizarrere Formen annahmen, nahm ich die neue Aufgabe an, die nun auf mich zukam: wenn nicht die Wahrheit zu erzählen, so doch das, was ich in 40 Jahren – selbst Kind von Flüchtlingen – mit den Menschen erlebt habe, die Fethullah Gülen nachfolgen.

Keine andere Gruppe von Einwanderern, von politischen Flüchtlingen infolge von Systembrüchen in der Türkei, kann eine derartige Erfolgsgeschichte von Bildung, Erziehung und Integration vorweisen wie die Freunde und Unterstützer der Gülen-Bewegung. Binnen drei Generationen haben sie in beeindruckenden Größenordnungen den Bildungsgrad der deutschen gehobenen Mittelschicht erreicht, stellenweise noch mehr. Die unglaubliche Erfolgsgeschichte der Familie eines Stahlarbeiters am Hochofen in Dortmund und ein ähnlicher Fall im deutschen Südwesten stehen dafür als Beispiele.

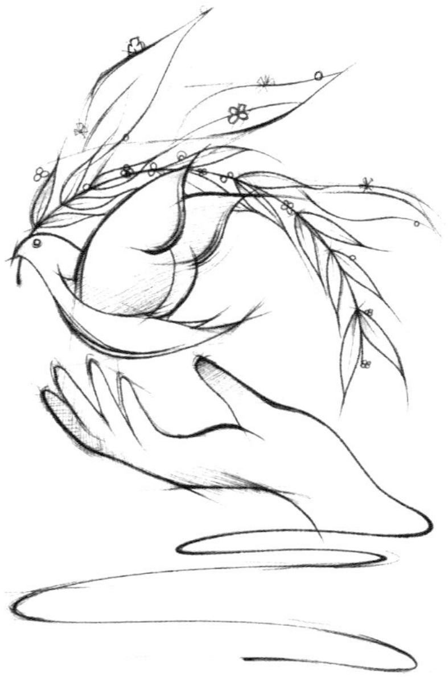

> Gülen gab ihnen Hoffnung: Und wenn sie es selbst nicht schaffen würden, dann ihre Kinder!

Meine Vorfahren, Frauen wie Männer, mussten aus religiösen Überzeugungen die heißgeliebte Heimat verlassen, sie wurden 1944/45 sogar ein zweites Mal vertrieben. Im Sommer war ich mit meiner Frau dort, Putins Russland nur wenige Kilometer entfernt. Ich weiß daher, was die Herzen meiner Freunde bewegt, die ihre Verwandten und Freunde in der Türkei nicht besuchen können. Für sie war Fethullah Gülen ein Leuchtturm, so wie es Papst Johannes Paul II in Zeiten war, als es Polen alles andere als gut ging. In Danzig, in der Werft von Lech Wałęsa, in den Kirchen des Landes erlebe ich ein ums andere Mal, welche Kraft der Glauben entfaltet.

Aus vielen Quellen ist überliefert und bekannt, dass Fethullah Gülen genau diese Gabe besaß, Menschen zu inspirieren. Die technischen Revolutionen, Social Media, halfen bei der Verbreitung.

Ich habe die Folgen an vielen Orten, auch außerhalb von Europa beobachten können, in Amerika, in Asien, in Afrika, wo sich nun ein lautloser Krieg gegen die *Hizmet*-Schulen abspielt, den die Welt teilnahmslos hinnimmt.

Fethullah Gülens Werk ist also in Gefahr. Aber seine Mission wird weiterhin ihre Wirkung entfalten, seine Schulen werden Zeugnisse eines Weges bleiben, der vielen anderen zu empfehlen wäre, wenn man auf der Suche nach einer Heimat ist. Lebe wohl, Fethullah Gülen.

EIN GANZ BESONDERER GELEHRTER UND FRIEDENSSTIFTER UNSERER ZEIT

Nachruf eines Deutschtürken

Mustafa Üyrüş

Mustafa Üyrüş ist Rektor eines privaten Internatsgymnasiums in Bayern. Nach dem Abitur in seiner Heimatstadt Fürth studierte er an der Friedrich-Alexander-Universität in Erlangen Germanistik und Sozialkunde.

So wie viele andere muslimische Gastarbeiterkinder in Deutschland bin auch ich in zwei Lebenswelten gleichzeitig aufgewachsen, die widersprüchlicher nicht sein könnten. Fethullah Gülen, der Lehrmeister oder auch Hodschaefendi, von dem ich lernen durfte, wie ich diesen scheinbaren Widerspruch überwinden und als praktizierender Muslim Teil der deutschen Mehrheitsgesellschaft sein kann, ist seit dem 20. Oktober 2024 nicht mehr unter uns.

Ich gehöre der dritten Generation einer türkischen Gastarbeiterfamilie an. Viele Menschen der Generation meiner Eltern sahen sich in den 1980er-Jahren vor einer neuen Herausforderung. Zum ersten Mal kamen Kinder aus ihren Familien weit entfernt von der türkischen Heimat und noch dazu in einem christlich geprägten Land auf die Welt. Diese Kinder würden deutsche Schulen besuchen, von deutschen Lehrern erzogen werden und deutsche Freunde haben. Wie sollte man sie am besten erziehen? Die Antwort auf diese Frage fiel in den Familien meiner deutsch-türkischen Altersgenossen ganz unterschiedlich aus. Die einen hielten ihre Kinder von türkischen Freunden fern, damit diese die deutsche Sprache möglichst schnell und akzentfrei erlernten. Andere wiederum hatten Angst vor einer Assimilation ihrer Kinder und schickten sie in türkischsprachige Klassen, die es in den 90er-Jahren an einigen deutschen Schulen noch gab. Zusätzlich sollten die Kinder an Wochenenden den Koranunterricht in Moscheegemeinden besuchen, von dem sich die Eltern den Schutz ihrer Nachkommenschaft vor moralischem Verfall erhofften.

Meine Eltern strebten eine Art „goldene Mitte“ zwischen diesen beiden Polen an. Das Beherrschen der deutschen Sprache und eine erfolgreiche Bildung auf der einen und die Bewahrung meiner türkisch-muslimischen Identität auf der anderen Seite waren das große Ziel. Es sollte doch möglich sein, dass ihr Kind sich in der hiesigen Gesellschaft zurechtfindet und Erfolg hat, ohne seine Herkunft und seinen Glauben zu verleugnen! Eine solche Identität galt es zu stiften und zu bewahren. Doch meine Eltern konnten damals natürlich nicht erahnen, dass mir, wie so vielen anderen aus meiner deutsch-türkischen Generation, ein Dilemma vorgezeichnet war, in das ich früher oder später geraten sollte.

Zu Hause wurde ich in dem Glauben an einen Gott und an Seinen Propheten (Friede & Segen sei mit Ihm) sowie in dem Glauben an das Jenseits großgezogen. In der Schule lernte ich jedoch Freunde und Lehrer kennen, für die diese Begriffe kaum eine Rolle spielten. Ich lernte außerdem recht früh, dass bestimmte Verhaltensweisen meiner Freunde für einen Muslim unzulässig waren oder dass beispielsweise „ihre Feste" nicht unbedingt „unsere Feste" waren. Dass ich mich spätestens nach der Einschulung in zwei verschiedenen Lebenswelten zu bewegen hatte, wurde mir dadurch sehr bald klar. Wie zahlreiche Muslime konnten auch meine Eltern zu diesem Zeitpunkt noch nicht wissen, dass ich auf zwei Stühlen saß und mich in zwei Sphären bewegte, die nicht so einfach voneinander zu trennen waren, wie sie es sich vorgestellt hatten. Schulbildung beschränkte sich nun einmal nicht auf formelle Bildung in Deutsch oder Mathematik und beim Spielen draußen mit den Nachbarskindern ging es selbstverständlich nicht nur um Spiele an sich. Überall kam es zu einem kulturellen Austausch und damit unweigerlich auch zu einem Zusammenprall kultureller Identitäten. Manches an dem, was ich am Leben meiner fränkischen Schulfreunde beobachtete, sagte mir genauso zu wie der Lebensstil meiner Eltern. An beiden fand ich gleichzeitig auch etwas auszusetzen. Das türkische Fernsehen zu Hause brachte mir historische Figuren aus der Heimat meiner Eltern sowie anatolische Sitten und Bräuche näher. Das Gymnasium vermittelte mir wiederum eine Bildung im Sinne einer säkularen, humanistischen Tradition und prägte ebenso meine Persönlichkeit.

Je älter ich wurde, desto häufiger kam es allmälich zu Konflikten, die sich aus einem Leben in zwei unterschiedlichen Lebenswelten ergaben. Auf der einen Seite begann ich diskriminierende Verhaltensweisen in der Schule oder beim Fußball, die auf rassistische Stereotype zurückzuführen waren, als solche wahrzunehmen. Gleichzeitig brachten mir auch meine Eltern immer häufiger ihre Sorgen vor einer möglichen Assimilation entgegen, sobald ich ein für einen Pubertierenden nicht untypisches rebellisches Verhalten an den Tag legte.

> **Ein Muslim kann kein Terrorist sein und ein Terrorist kein Muslim**

Und so kam es, dass ich mich, wie viele muslimische Heranwachsende mit Migrationsgeschichte während ihrer Identitätsfindung, mit einigen entscheidenden Schicksalsfragen konfrontiert sah: War ein Leben in diesen beiden Welten gleichzeitig möglich oder musste ich mich ausschließlich für eine der beiden entscheiden? War ein Leben als praktizierender Muslim nur in einer „Parallelgesellschaft" möglich, von der prominente Islamkritiker in Talkrunden immer wieder sprachen? Musste ich auf eine muslimische Frömmigkeit, wie meine Eltern sie mir vorlebten, verzichten, um als Teil der Mehrheitsgesellschaft akzeptiert zu werden?

Mitte der 2000er-Jahre, als einige Fundamentalisten „die Gunst der Stunde" nach den Terroranschlägen in den USA nutzten, um ihre fanatischen Ideen muslimischen Jugendlichen in Deutschland zu unterbreiten, kam ich mit den Lehren Fethullah Gülen Hodschaefendis in Berührung. Gülen erlangte damals mit seiner Aussage „Ein Muslim kann kein Terrorist sein und ein Terrorist kein Muslim" internationale Berühmtheit. In der Bibliothek meiner Eltern standen bereits seit meiner Kindheit einige Bücher des „weinenden Predigers", als den ich ihn das erste Mal im Fernsehen wahrgenommen hatte. Jedoch hatte ich bis zu diesem Zeitpunkt nie den Drang verspürt, einen Blick in seine Texte zu werfen. Erst nachdem ich Menschen aus der Hizmet-Bewegung kennenlernte, die sich in meiner fränkischen Heimat im Bildungsbereich engagierten, entstand ein Interesse an der Person Fethullah Gülens sowie an dessen Islamverständnis. Denn diese Menschen waren ganz anders als all diejenigen Pseudogelehrten, die muslimische Jugendliche schon damals mit ihrer feindseligen und gewaltbereiten Sprache in manchen Moscheen und Jugendzentren vergifteten, und die mir seit jeher zuwider waren. Auch die „Abis" (türkisch: große Brüder) beteten zu Gott und bemühten sich um ein gottgefälliges Leben. Gleichzeitig sprachen sie aber über die Bedeutung einer guten

Bildung sowie über Respekt und Toleranz gegenüber andersgläubigen Mitschülern und Lehrern und motivierten ihre Mitmenschen zu karitativer Unterstützung von Muslimen wie Nichtmuslimen in unterschiedlichen Regionen der Welt. Bis zu diesem Zeitpunkt war ich noch nie einer Gruppe junger Muslime begegnet, die so stark auf Andersgläubige und Andersdenkende zuging, wie die Menschen in der *Hizmet*-Bewegung.

Der „deutsche Teil" meiner Identität, der sich insbesondere durch kritisches Denken kennzeichnet, warnte mich dennoch vor voreiligen Schlüssen und riet mir zunächst Vorsicht an. War dieser auf Dialog und Bildung ausgerichtete, die Demokratie befürwortende Lebensstil dieser höflichen und gebildeten Menschen tatsächlich mit dem Islam vereinbar? Oder handelte es sich hier um einen degenerierten Islam „light" bzw. „Pop"-Islam, wie ein Bekannter, der sich damals von einer jener radikalen Gruppierungen mitreißen ließ, geringschätzig behauptete? Oder versteckten *Hizmet*-Engagierte hinter dieser toleranten, weltoffenen Fassade gar eine radikale Agenda, wie Kritiker aus säkularen Kreisen gerne behaupteten?

Die Antwort suchte ich auf Anraten eines der Engagierten in den Büchern Gülens, den Quellen für den Aktionismus seiner Schüler. Schnell wurde mir klar: Gülen war kein Modernist, wie seine Kritiker aus muslimischen Kreisen behaupteten. Er erhob auch nicht den Anspruch, ein „Reformer" des Islams zu sein. Vielmehr war er ein aufgeklärter Interpret der islamischen Quellen, der das epochale Bewusstsein und soziokulturelle Klima unterschiedlicher Gesellschaften verstand. Wenn Gülen von der Notwendigkeit einer zeitgemäßen Bildung sprach, so begründete er dies mit dem Leben des Propheten Muhammed Friede & Segen sei mit Ihm und dem Koran. Sein berühmtes Motto „Baut Schulen statt Moscheen" war das Resultat seiner intensiven Auseinandersetzung mit dem Leben des Propheten Friede & Segen sei mit Ihm und seiner Gefährten. Wenn er seine Adressaten dazu aufrief, auf Andersdenkende in einer respektvollen Haltung zuzugehen und ihnen Toleranz entgegenzubringen, so konnte er seine Aussagen mit zahlreichen Beispielen aus dem Leben des Propheten Muhammed Friede & Segen sei mit Ihm und dessen Weggefährten untermauern.

> **Der Dienst an der Menschheit unabhängig von Glauben, Herkunft, Geschlecht oder Hautfarbe war also Gottesdienerschaft**

Hodschaefendi hielt auch nichts von einem sogenannten „politischen Islam", den einige Islamkritiker ihm unterstellten. Wie viele seiner Zeitgenossen kritisierte zwar auch er den Kolonialismus und Imperialismus. Jedoch stieß ich in seinen Büchern nie auf eine unterkomplexe Aufteilung der Welt in Gut und Böse oder eine pauschalisierende Rhetorik gegenüber einem „bösen Westen", wie die Welt, in der ich lebte, von einigen Predigern beschrieben wurde. Gülen war überzeugt davon, dass die Demokratie eine schützenswerte Regierungsform war, und Freiheiten sowie Menschenrechte mit den Grundprinzipien des Islams vereinbar waren. Seine Sprache war geprägt von sehr präzise gewählten Formulierungen, die Fehl- oder bewussten Missdeutungen möglichst vorbeugte und auf Frieden und Verständigung ausgerichtet war. Auch in dieser Hinsicht verwies er auf den Koran und den Propheten Friede & Segen sei mit Ihm. Weder an der Sprache des Koran noch an der des Propheten Friede & Segen sei mit Ihm, war laut Gülen Platz für Hass und Hetze. Radikale Gruppierungen missbrauchten diese beiden heiligen Quellen des Islams vielmehr für ihre ideologischen Zwecke, indem sie die Worte Gottes und die Aussagen des Propheten Friede & Segen sei mit Ihm bewusst aus dem Kontext rissen.

Während meiner Lektüre fiel mir außerdem Gülens Belesenheit in der westlichen Literatur auf. In seinen Werken verweist Gülen auf zahlreiche europäische Geistesgrößen wie Goethe, Kant oder Shakespeare und hält es nicht für notwendig, sich aus einem Minderwertigkeitskomplex oder einer reaktionären Haltung heraus, die für einige seiner muslimischen Zeitgenossen nicht untypisch waren, abfällig über diese Dichter und Denker zu äußern. Wie sonst, dachte ich mir, sollte ein Islamgelehrter auch Antworten auf meine Fragen liefern, wenn er sich nicht mit dem Wertefundament der Gesellschaft auskannte, in der ich lebte. Es mag erstaunlich klingen, aber Gülen motivierte mich dazu, mich mit den Philosophen und Autoren des sogenannten „Abendlandes" noch intensiver zu beschäftigen und weckte in mir ein solches Interesse für die Geschichte, die Literatur und die Philosophie des Westens, wie es keiner meiner Lehrer oder meiner Germanistik-Dozenten je vermochte.

Erstaunlich war für mich auch Gülens außergewöhnliche Vorstellung von Gottesdienerschaft. Ihm zufolge können selbst profane Handlungen wie die Gründung einer Schule, der Bau eines Wasserbrunnens für bedürftige Menschen oder das Zusammenkommen mit andersgläubigen Menschen ohne jeglichen Missionierungseifer einen Muslim Gott näherbringen. Die Aufgabe eines Muslims besteht laut Gülen nicht darin, Andersgläubige zu bekehren, wie einige Menschen den Dialog missinterpretierten. Er predigt in seinen Werken vielmehr einen Dialog auf Augenhöhe, der auf Verständigung und den Abbau von Vorurteilen auf beiden Seiten ausgerichtet ist. Entscheidend sei in all diesen Handlungen die Absicht, der Menschheit zu dienen und Gottes Wohlwollen zu erlangen.

Diese Erkenntnisse, die ich aus der Lektüre von Gülens Werken und aus seinen Vorträgen erschloss, retteten mich aus einem existenziellen Dilemma. Ich saß in Deutschland nun nicht mehr auf zwei Stühlen. Der Dienst an der Menschheit unabhängig von Glauben, Herkunft, Geschlecht oder Hautfarbe war also Gottesdienerschaft. Meine muslimische Identität hinderte mich nicht daran, ein Teil der Mehrheitsgesellschaft zu sein. Ich sollte sie im Gegenteil als Antrieb für gesellschaftliches Engagement begreifen. Ein friedliches und freundschaftliches Miteinander mit Christen und Juden auf Augenhöhe stand nicht im Widerspruch zum Koran. Die Schicksalsfragen, die mich als Teenager beschäftigten, waren ein für allemal beantwortet. Die beiden Pfade des Scheidewegs, an den ich während meiner Identitätsfindung geraten war, hatten sich zu einer breiten und sicheren Straße zusammengefügt, auf der ich nun selbstbewusst und im Vertrauen auf Gott voranschreiten konnte.

Heute, etwa 20 Jahre nach meinen ersten Begegnungen mit Menschen aus der *Hizmet*-Bewegung, muss ich als Lehrer leider beobachten, wie muslimische Jugendliche in Deutschland vor weit größeren Herausforderungen stehen als ich in meiner Jugend. Während Fanatiker damals noch in zwielichtigen Hinterhofvereinen lauerten und über relativ begrenzte Kapazitäten verfügten, können sie heute ihre Hassbotschaften nur mit einem Smartphone ausgestattet an Millionen junger Menschen gleichzeitig richten. Auf der anderen Seite werden dieselben muslimischen Jugendlichen ähnlich wie meine Generation nach 9/11 weiterhin dazu aufgefordert, sich für die Verbrechen von Terroristen, die den Islam für ihre politischen Ziele missbrauchen, zu rechtfertigen.

> **Menschen kommen und gehen, aber die Werke, die im Namen Gottes und der Menschheit verrichtet werden, bleiben ewig bestehen**

Der Glaube könnte eigentlich eine solch sinnstiftende Rolle im Leben dieser Jugendlichen spielen, wie ich von Gülen lernen durfte. Doch nach wie vor bringen antimuslimische Ressentiments auf der einen und eine nicht zeitgemäße Auslegung des Koran auf der anderen Seite junge Muslime an einen Scheideweg, der Extremismus als den einzigen vermeintlichen Schutz vor Assimilation und Identitätsverlust sowie als legitime Reaktion auf Diskriminierung präsentiert.

Die Notwendigkeit einer Interpretation der islamischen Quellen, die die Bedeutung von Bildung und Wissenschaft, der Gleichstellung der Geschlechter sowie des interreligiösen und interkulturellen Dialogs hervorhebt und Jugendliche vor Radikalisierung schützt, ist heute daher größer denn je. Mit Fethullah Gülen Hodschaefendi verabschiedeten wir am 20. Oktober 2024 einen der bedeutendsten Vertreter dieser Sufi-Tradition, der mich und viele weitere muslimische Gastarbeiterkinder vor einer Identitätskrise bewahrte, in die Ewigkeit. Mögen seine Ideale auch in Zukunft Menschen unterschiedlichen Alters, Glaubens oder Geschlechts Orientierung in einer zunehmend komplexen Welt bieten und uns als Weltgemeinschaft den Weg in eine friedlichere Zukunft weisen. Möge Gott Hodschaefendi, dem ich in Dankbarkeit verbunden bin, Barmherzigkeit erweisen und ihn mit den höchsten Ehren im Jenseits belohnen.

„*Menschen kommen und gehen, aber die Werke, die im Namen Gottes und der Menschheit verrichtet werden, bleiben ewig bestehen.* Während unser irdisches Leben endlich ist, bleibt das, was wir im Dienste der Menschlichkeit schaffen, für immer."

(M. Fethullah Gülen)

FETHULLAH GÜLEN HODSCHAEFENDI ALS LEHRMEISTER

Muaz Ekinci

Muaz Ekinci kommt aus Böblingen und ist islamischer Theologe. Ekinci ist einer von etwa 140 Schülern, die bei Fethullah Gülen über mehrere Jahre die klassisch islamischen Quellen studieren konnten.

Muhammed Fethullah Gülen Hodschaefendi begann seine Bildung 1946 in seinem Heimatdorf Korucuk mit der Grundschule. Doch nach drei Jahren musste er die Schule abbrechen, da sein Vater, Ramiz Efendi, in ein anderes Dorf versetzt wurde. Schließlich legte er am 6. Mai 1958 eine externe Prüfung ab. Die neun Jahre bis zu seinem Abschluss nutzte er sinnvoll für seine Bildung. Während seiner Zeit im Dorf Alvar ging er in den Sommermonaten zu Fuß die acht Kilometer nach Hasankale, um Unterricht in Koranrezitation zu nehmen. eine Eltern spielten eine sehr wichtige Rolle für seine frühe Bildung. Nach seinen eigenen Worten war seine Mutter seine erste Lehrerin. Bereits in sehr jungem Alter lernte er bei ihr das Lesen des Korans. Mit 11 oder 12 Jahren hatte er dank der Bemühungen seines Vaters den gesamten Koran auswendig gelernt. Sogar die arabische Grammatik, die er später in der Madrasa studieren sollte, hatte er schon als Kind von seinem Vater gelernt.

Im Jahr 1952 begann Hodschaefendi auf Ermutigung seines Vaters und seines verehrten Lehrers Alvarlı Efe – Muhammed Lütfi – seine *Medrese*-Ausbildung in Erzurum. Seine erste Station war die *Kurşunlu*-Medrese. Da er jedoch die Ausbildung seines Lehrers, der kaum älter war als er selbst, als unzureichend empfand, wechselte er in die Medrese neben der *Kemhan*-Moschee. Dort nahm er etwa sechs Monate lang Unterricht bei Sıdkı Efendi. Aufgrund der Schließung dieser Medrese war Hodschaefendi erneut zu einem Wechsel gezwungen. Schließlich gelangte er zu Osman Bektaş Hoca. Hodschaefendi absolvierte während seiner Madrasa-Ausbildung grundlegende Kurse in arabischer Grammatik, Rhetorik und islamischen Wissenschaften, die damals in Medresen unterrichtet wurden. Er studierte Werke zu Wort- und Satzstruktur sowie zur Rhetorik, von denen er viele auswendig lernte. Zusätzlich vertiefte er sich in islamische Rechtswissenschaft *(Fiqh)*, Theologie *(Kelām)*, Koranexegese *(Tefsīr)* und Logik *(Mantiq)*. Auch hier lernte er zentrale Texte auswendig.

Während seiner Medrese-Jahre zeichnete er sich durch große Hingabe aus. Er nutzte jede verfügbare Zeit, um sich auf den Unterricht vorzubereiten, las bei Bedarf die Bücher seiner Mitschüler mit und prägte sich die Inhalte ein. Er bereitete Lektionen für jüngere Schüler vor, was sowohl ihnen als auch ihm selbst half. Dadurch erreichte er ein Niveau, auf dem er die gelernte Literatur eigenständig unterrichten konnte.

Seine Medrese-Kollegen berichteten, dass Hodschaefendi über ein starkes Gedächtnis verfügte. Er konnte die von seinem Lehrer gehaltenen Lektionen 24 Stunden später nahezu wortwörtlich wiederholen. Einmal las er während des Unterrichts von Osman Hodscha ein anderes Buch. Als sein Lehrer dies bemerkte und ihn darauf ansprach, erklärte er, dass er trotzdem dem Unterricht folge. Osman Hodscha forderte ihn daraufhin auf, die gesamte Lektion vom Anfang bis zum Ende zu wiederholen. Hodschaefendi gab die Lektion fehlerfrei wieder, woraufhin Osman Hodscha erstaunt ausrief: „Dieses Kind hat eine außergewöhnliche Intelligenz."

Die Leidenschaft fürs Lesen und seine Beziehung zu Büchern

Fethullah Gülen Hodschaefendi entwickelte bereits in jungen Jahren die Gewohnheit, ständig zu lesen. Noch bevor er seine Madrasa-Ausbildung begann, hatte er alle Bücher seines Vaters gelesen. Während seiner Madrasa-Jahre beschäftigte er sich nicht nur mit Lehrbüchern, sondern auch mit vielen anderen Werken. In dieser Zeit entdeckte er seine Liebe zu Romanen. Da das Lesen von Romanen in den Medresen nicht üblich war und er befürchtete, dass sein Lehrer darauf negativ reagieren könnte, versteckte er die Romane zwischen seinen arabischen Büchern, um sie unauffällig zu lesen.

Während seines Wehrdienstes traf er auf einen Offizier mit hohem intellektuellem Niveau, den er selbst als „eine Gnade Gottes" bezeichnete. Dieser Offizier besaß ein tiefes Verständnis der islamischen Spiritualität und kannte sowohl die östlichen als auch die westlichen Klassiker sehr gut. Er brachte ihm persönlich Bücher mit und ermöglichte es ihm so, ein breites Wissen über die Literatur des Ostens und Westens zu erlangen.

> Seit in wissenschaftlichen Angelegenheiten skeptisch, aber macht den Skeptizismus nicht zu eurem Lebensweg

Der Offizier war der Meinung, dass Gülen unbedingt den Westen kennenlernen sollte. Daher empfahl er ihm, Werke wie Jean-Jacques Rousseaus *„Der Gesellschaftsvertrag"*, *„Briefe vom Berg"* und *„Emile"* zu lesen. Darüber hinaus brachte er ihn dazu, auch Werke westlicher Autoren wie Kant, Schiller, Shakespeare, Balzac und Voltaire zu lesen. Nach diesen Lektüren vertiefte sich Gülen erneut in die klassischen Werke des Ostens. Seine Arbeit als Funker bot ihm reichlich freie Zeit, die er intensiv zum Lesen nutzen konnte.

Nach seiner Medrese-Ausbildung wandte sich Hodschaefendi neben den islamischen Wissenschaften auch Büchern über die Philosophie zu. Besonders während seiner Zeit im Fenster der Üç-Şerefeli- Moschee in Edirne widmete er sich intensiv dem Lesen. Über diese Zeit sagte er: „Über meinem Bett standen viele Bücher. Sobald ich Zeit fand, beschäftigte ich mich mit ihnen. Ich las fast jedes neue Buch, das auf den Markt kam."

Hodschaefendi hat seine Leidenschaft zum Lesen nie aufgegeben. Während seines Aufenthalts im Kestanepazarı in Izmir schaffte er es häufig, nach den tagsüber stattfindenden Unterrichtseinheiten bis zum Morgen mindestens ein Buch vollständig zu lesen. Nach seinen eigenen Worten kam es sogar vor, dass er, weil er sich an die Quelle eines Hadiths für eine Predigt am nächsten Tag nicht erinnern konnte, die ganze Nacht damit verbrachte, mehrere Bücher durch zu recherchieren.

In einem Interview Jahre später erwähnte er, dass er beim Lesen lateinischer Schrift täglich 150 – 200 Seiten und bei arabischen Schriftzeichen 400 – 500 Seiten schaffe.

Hodschaefendi als Lehrer und seine Lesezirkel

Hodschaefendi beschränkte sich nicht darauf, nur sich selbst zu bilden und intellektuell weiterzuentwickeln. Bereits im Alter von 15 bis 16 Jahren unterrichtete er die Dorfbewohner in der Moschee mit dem arabischen Werk *Tenbīh ul-Ghafilīn* von Ebu -l-Leyth es-Semarqandī. Bis zum Ende seines Lebens hörte er nicht auf, Menschen in seinem

Umfeld Wissen zu vermitteln und gemeinsam mit ihnen zu lesen. Selbst während der sechs Jahre nach dem Militärputsch von 1980, in denen er ständig gezwungen war, seinen Aufenthaltsort zu wechseln, erteilte er Unterricht – selbst während Autofahrten.

Hodschaefendi nannte häufig den albanischen Gelehrten Hüsrev Hodscha als Vorbild für seine Hingabe und Beharrlichkeit. Dieser hörte trotz seines hohen Alters, seiner schwindenden Sehkraft und fortschreitenden Krankheit niemals auf, seine Schüler zu unterrichten. Als er schließlich zu schwach war, betete er unter Tränen: „O mein Herr, sei mein Zeuge, ich kann das Buch nicht mehr in meinen Händen halten." Hodschaefendi folgte diesem Beispiel und unterrichtete, bildlich gesprochen, bis zu dem Punkt, an dem auch er kein Buch mehr halten konnte.

Im Jahr 1985 gründete Hodschaefendi auf Drängen einiger Freunde einen Lesezirkel mit zunächst zwei und schließlich acht weiteren Teilnehmern, sodass insgesamt zehn Studenten der Theologie daran teilnahmen. Diese Schüler lebten dauerhaft bei ihm. Obwohl diese Ausbildung ursprünglich auf ein Jahr angesetzt war, verbrachten die Schüler durchschnittlich vier bis fünf Jahre damit, sich bei ihm weiterzubilden.

Hodschaefendi legte großen Wert auf das diskursive Lernen. Fast überall, wo er über Unterricht und *Sohbet* spricht, betonte er die Wichtigkeit der Diskussion. Dabei ging es nicht darum, dass nur eine Person den Unterricht leitete oder erzählte, sondern dass ein Thema von einer Gruppe gleichzeitig aus verschiedenen Perspektiven und mithilfe mehrerer Werke untersucht wurde. Diese Methode setzte er konsequent in seinem Lesezirkel um und modernisierte so die klassische Medresa-Ausbildung.

Zu den von ihm eingeführten Neuerungen gehörten auch die intensive Beschäftigung mit umfangreichen Werken, ein schülerzentrierter Ansatz, die Zusammenfassung von Gelesenem durch die Schüler, die Untersuchung der Überlieferungsketten von Hadithen (Isnad) sowie die Vermittlung der Biografien der Überlieferer. Zudem regte er seine Schüler stets zum Schreiben an. So forderte er sie in einer Phase auf, Bücher über aktuelle Themen wie *„Die Rolle von Kunst und Skulptur im Islam"*, *„Das Urteil über das Rauchen"* oder *„Das Hören von Musik im Islam"* zu verfassen und diskutierte diese Arbeiten gemeinsam mit ihnen.

> ”
> **Engel nehmen die Seelen der Wissenssuchenden sanft, ohne Schmerzen, während sie ihnen Honig reichen**

Diese Methode verdeutlicht, wie tiefgründig und außergewöhnlich sein Ansatz war. Besonders bemerkenswert ist die Tatsache, dass er umfangreiche Referenzwerke vollständig als Lehrbücher nutzte – eine Methode, die in der islamischen Welt selten zu finden ist.

Unterrichtsmethode

Die Unterrichtsmethode von Hodschaefendi umfasste Vor- und Nachbereitung einer Lektion. Die Schüler bereiteten sich vor dem Unterricht unter der Anleitung eines oder mehrerer fortgeschrittener Schüler auf den Stoff vor. Während des Unterrichts lasen und erklärten die Schüler die von ihnen vorbereiteten Abschnitte vor Hodschaefendi. Dieser ergänzte die Inhalte bei Bedarf durch Erklärungen, beantwortete Fragen, bewertete die Ansichten der Gelehrten und fügte seine eigenen Kommentare hinzu. Dabei bewahrte er stets einen respektvollen Ton gegenüber anderen Ansichten.

Hodschaefendi bezeichnete diese Methode aus Bescheidenheit und Demut als „Wir diskutieren gemeinsam über Bücher", obwohl klar war, dass es sich um ein Lehrer-Schüler-Verhältnis handelte. Er forderte seine Schüler auf, ihm Fragen zu stellen, sagte aber auch: „Seit in wissenschaftlichen Angelegenheiten skeptisch, aber macht den Skeptizismus nicht zu eurem Lebensweg."

Hodschaefendi ließ keine Frage unbeantwortet und betonte bei jeder Gelegenheit die Bedeutung von Fragen auf dem Weg zur Wissenschaft. Er verwies dabei auf die Worte des Propheten (Friede & Segen sei mit ihm): „Eine gute Frage ist die Hälfte des Wissens."

Die Methode der Diskussion beschränkte sich nicht nur auf das Lesen und Verstehen von Texten. Sie ermutigte die Schüler, den Unterricht aktiv zu verfolgen, unterschiedliche Werke miteinander zu vergleichen und durch gezielte Fragen ein tieferes Verständnis zu erlangen.

Buchauswahl

Hodschaefendi verfolgte bei der Buchauswahl und im Unterricht eine Methode, die das Interesse und die freiwillige Teilnahme seiner Schüler in den Vordergrund stellte. Bei der Auswahl der Bücher, die im Unterricht verwendet werden sollten, bot er den Schülern verschiedene Optionen an, die ihr Interesse wecken könnten. Wenn er beispielsweise wollte, dass ein bestimmtes Thema behandelt wird, sagte er: „Es gibt Bücher mit diesen und jenen Eigenschaften zu diesem Thema. Ihr könnt eines davon auswählen." So gab er den Schülern die Möglichkeit, selbst zu entscheiden. Gleichzeitig stellte er Werke, die er für besonders wichtig hielt, detailliert vor.

Hodschaefendi traf seine Entscheidungen oft basierend auf den Interessen und Wünschen der Schüler. Zum Beispiel, als die ersten beiden Schüler zu ihm kamen, zeigte er ihnen seine Bibliothek, erklärte die Eigenschaften der Bücher und überließ ihnen die Auswahl der zu lesenden Werke. In den späteren Jahren, während des Lehrzirkels, machte er kurz vor dem Abschluss eines aktuellen Buches oft Vorschläge für neue Werke, erläuterte ihre Eigenschaften und wartete darauf, dass die Schüler ihm selbst Vorschläge machten.

Unterrichtsmethode im Lesezirkel

Die Unterrichtsstunden fanden in der Regel im Zeitraum zwischen dem Morgengebet und dem Mittagsgebet statt. Auch am Nachmittag wurde oft unterrichtet. Zu einer Zeit begannen die Lektionen nach dem Frühstück und dauerten bis zum Mittag. In einer anderen Phase begann er direkt nach dem Morgengebet, mit einer Frühstückspause zwischendurch. Zu einer Zeit wurde sogar eine Stunde vor dem Morgengebet mit dem Unterricht begonnen, der dann bis zum Gebet fortgesetzt

wurde. In den späteren Jahren in den USA begannen die Unterrichtsstunden nach dem Frühstück.

Für die Unterrichtsmethode von Hodschaefendi war es essenziell, dass die Schüler sich gründlich auf die Seminare vorbereiteten. Sie arbeiteten an den Texten, um sie korrekt zu verstehen und zu lesen, und nutzten dabei Wörterbücher, Koranexegesen und andere relevante Quellen. Besonders bei der korrekten Rezitation von Koranversen und Hadithtexten zeigte Hodschaefendi große Sorgfalt und warnte: *„Ihr könnt Arabisch falsch lesen, aber die Koranverse dürfen wir nicht falsch lesen."*

Während des Unterrichts lasen die Schüler die Texte vor und Hodschaefendi hörte zu, korrigierte jedoch sehr behutsam, wenn es nötig war. Er vermied es, Menschen zu verletzen oder sie vor anderen bloßzustellen. Zum Beispiel kam es eines Tages vor, dass ein Schüler, der während der Lesung an der Reihe war, ein arabisches Wort falsch las. Da Hodschaefendi großen Wert auf korrektes Lesen legte, rief er den Schüler während des Unterrichts zu sich und flüsterte ihm etwas ins Ohr. Als seine Freunde ihn nach dem Unterricht fragten, was er gesagt habe, antwortete er: „Ich hatte meinen Text falsch gelesen. Der Lehrer hat mir aus Höflichkeit die richtige Aussprache des Ausdrucks ins Ohr geflüstert."

Wenn eine Diskussion über einen Text entstand, ließ Hodschaefendi sofort relevante Quellen einsehen oder bat darum, bis zur nächsten Stunde Nachforschungen anzustellen. Er beantwortete die Fragen der Schüler, vermittelte die Ansichten der Gelehrten mit Respekt und fügte seine eigenen Kommentare hinzu. Diese Erklärungen gehörten zu den faszinierendsten Aspekten seiner Unterrichtsstunden.

Hodschaefendi legte großen Wert darauf, dass die gelesenen Texte analysiert und kritisch hinterfragt wurden. Diese kritische Betrachtung geschah jedoch stets mit Respekt gegenüber den Gelehrten. Dabei wurde geprüft, ob die Inhalte mit den Prinzipien der Offenbarung, den Kriterien der Überlieferung und dem gesunden Menschenverstand übereinstimmten. Dieser Ansatz diente auch als Leitfaden für den Umgang mit zeitgenössischen Fragen.

Er betonte immer wieder, dass die Schüler das Gelesene verstehen, verinnerlichen, in ihr Leben integrieren und es zu einem festen Bestandteil ihres Wesens machen sollten. Es war nahezu nie der Fall, dass ein begonnenes Buch in einem seiner Lehrkreise nicht zu Ende gelesen wurde.

Zusammenfassend verband Hodschaefendi in seiner Unterrichtsmethode die klassische

Medresa-Tradition mit innovativen Techniken. Dabei stellte er den Respekt vor der Vergangenheit und den Gelehrten in den Mittelpunkt, nutzte jedoch auch Werke als Lehrbücher, die in der klassischen Ausbildung normalerweise nicht verwendet wurden. Seine Methode war schülerzentriert, und er legte großen Wert darauf, dass Informationen direkt aus Büchern gelesen und durch Notizen vertieft wurden. Für ihn war Technologie ein Hilfsmittel, das den Zugang zu Wissen erleichtern, jedoch die Fähigkeiten des Menschen nicht beeinträchtigen sollte.

Darüber hinaus betonte er, dass der Respekt vor den Gelehrten der Vergangenheit eine Frage des wissenschaftlichen Ethos und der Dankbarkeit sei. Er würdigte ihre Leistungen und betonte, dass ihre Beiträge zeitübergreifend seien. Gleichzeitig wies er darauf hin, dass heutige Menschen die ihnen gewährten Inspirationen durch die Prinzipien der Religion filtern und entsprechend bewerten sollten.

das ultimative Ziel von Unterricht und Wissen, den Glauben zu vertiefen, ihn mit Erkenntnis und Liebe zu bereichern und mit einem Geist der Selbstlosigkeit und Hingabe nach Gottes Wohlgefallen zu streben

Er forderte seine Schüler auf, den Geist des Lernens nie zu verlieren und ein Leben lang zu lernen. Dabei erwähnte er oft das Beispiel von *Nureddin Heysemi*, der bis zu seinem Lebensende bei Zeynüddin Iraki Unterricht nahm. In einem humorvollen Ton sagte er: „Die Engel nehmen die Seelen der Wissenssuchenden sanft, ohne Schmerzen, während sie ihnen Honig reichen." Dies sollte die Liebe zum Lernen und zur Wissenschaft fördern.

Für Hodschaefendi war das ultimative Ziel von Unterricht und Wissen, den Glauben zu vertiefen, ihn mit Erkenntnis und Liebe zu bereichern und mit einem Geist der Selbstlosigkeit und Hingabe nach Gottes Wohlgefallen zu streben. Der Unterricht war für ihn ein Mittel, um dieses hohe Ziel zu erreichen.

“

Philosophie und Weisheit erweitern den Horizont des menschlichen Denkens und helfen ihm, die Welt der Dinge und Ereignisse zu verstehen. Das spirituelle Leben hingegen eröffnet dem Menschen in einer nicht vollständig erfassbaren Dimension eine Verbindung zum Schöpfer aller Dinge und Geschehnisse und macht ihn zu einem Freund und Vertrauten Gottes.

—aus Perlen der Weisheit

”

GÜLENS ERBE: BILDUNG UND DIALOG ALS SCHLÜSSEL ZU EINER GERECHTEN WELT

Jugendabteilung der IDIZEM

IDIZEM ist ein von der Hizmet-Bewegung inspirierter Verein in München. Die Jugendabteilung fördert Begegnungen, interkulturelle Gespräche und Bildungsprogramme, um gegenseitiges Verständnis und Zusammenarbeit zu stärken.

Wenn Fethullah Gülen beschrieben werden sollte, würde man ihn als Visionär bezeichnen – einen Visionär, der nicht nur das islamische Denken der Moderne geprägt hat, sondern auch eine tiefe Menschlichkeit verkörpert. Gülen gilt vor allem als Humanist, der sein Leben dem Wohl anderer gewidmet hat. Sein Leitspruch „Leben und leben lassen" – oder besser gesagt „Leben, um andere leben zu lassen" – bildet das Fundament seines Handelns. Bildung hatte dabei stets oberste Priorität. In der Türkei wurde mit den Dogmen seiner Zeit gebrochen und gezeigt, dass Muslime nicht nur religiöse, sondern auch naturwissenschaftliche und moderne akademische Disziplinen beherrschen sollten.

Gülens Bildungsansatz beschränkte sich jedoch nicht auf die Türkei. Weltweit, vor allem in benachteiligten Regionen, wurden Schulen und Universitäten gegründet, die auf seinen Idealen basieren. Diese Schulen, getragen von engagierten Freiwilligen, die ihre Arbeit als Dienst an der Menschheit sehen, bieten jungen Menschen Zugang zu hochwertiger Bildung. Die Schüler dieser Institutionen erzielen in ihren Heimatländern bemerkenswerte Erfolge und sind lebendige Zeugnisse der Wirksamkeit von Gülens Konzept. Persönlich konnte dies in Ländern wie Niger und Tansania erlebt werden. Die Herzlichkeit und der Stolz der lokalen Bevölkerung, diese Schulen als ihre eigenen anzusehen, haben tief beeindruckt. Dieses Modell überwindet nicht nur kulturelle und gesellschaftliche Barrieren, sondern schafft eine gemeinsame Basis, die in der Liebe wurzelt.

Man lernt, dass Menschen nicht durch ihre kulturellen oder religiösen Unterschiede getrennt werden, sondern durch ihre Bereitschaft oder Unwilligkeit, miteinander in Dialog zu treten. Statt sich auf Differenzen zu konzentrieren, sollten die Gemeinsamkeiten gesucht werden, die verbinden. Dialog bedeutet, einander zuzuhören und zu versuchen, sich gegenseitig zu verstehen – ohne Vorurteile, ohne Wertungen. Letztlich werden dieselben universellen Werte geteilt: Liebe, Respekt und Gerechtigkeit. Durch diese Perspektive wird gezeigt, dass Dialog keine bloße Option ist, sondern eine unverzichtbare Verantwortung.

Warum der Weg des Dialogs weitergegangen wird? Weil man zutiefst überzeugt ist, dass Dialog heute wichtiger denn je ist. Unsere Gesellschaften brauchen Frieden und gegenseitiges Verständnis – und Dialog ist der Schlüssel dazu. Der Ansatz des Dialogs hilft, Vorurteile abzubauen, andere Menschen so zu akzeptieren, wie sie sind, und Brücken zwischen Gemeinschaften zu bauen. Durch den Dialog wird erkannt, dass kulturelle und religiöse Vielfalt keine Bedrohung darstellt, sondern eine Bereicherung ist.

Ein Zitat von Gülen bringt diese Überzeugung auf den Punkt: „Dialog unter den Zivilisationen kann als eine Brücke der Liebe und des Verstehens betrachtet werden, die die Horizonte des Herzens und des Verstandes erweitert. Diese Brücke sollte mit kontinuierlicher Anstrengung verstärkt werden.“ In diesem Sinne ist Dialog keine Wahl, sondern eine Notwendigkeit. Gülen hat nicht nur dieser Weg gezeigt, sondern auch den Mut hinterlassen, ihn weiterzugehen – für eine friedlichere und gerechtere Welt.

HODSCHAEFENDIS BEITRAG FÜR DIE GLEICHBERECHTIGUNG

Was sah Leyla in den Augen von Mecnun?

Emine Eroğlu

Emine Eroğlu ist Schriftstellerin und Autorin und zählt zu den wichtigen Denkerinnen innerhalb der Hizmet-Bewegung. Sie setzt sich besonders für die Aufklärung und Emanzipation von Frauen ein.

Vor etwa zwei Monaten trafen wir uns im Jugendzentrum von New Jersey mit einer großen Gruppe von Schülerinnen aus Deutschland. Einige von ihnen waren in Deutschland geboren und aufgewachsen, andere waren im Zuge des „Prozesses" ausgewandert. Sie hatten die Sprache gelernt, Zulassungen von renommierten Universitäten erhalten und waren brillante junge Frauen. Um Hodschaefendi besuchen zu können, hatten sie Dutzende seiner Bücher gelesen, seinen Vorträgen gelauscht und sich in Prüfungen über das Gelesene und Gehörte qualifiziert, um nach Amerika reisen zu dürfen. Als ich diese jungen Mädchen sah, die von Liebe und Enthusiasmus erfüllt waren, fragte ich mich, wie Yunus Emre: „Was sah Leyla in den Augen von Mecnun?"

Die jungen Frauen waren einerseits traurig, da Hodschaefendi nicht im Camp war. Später erfuhr ich, dass Hodschaefendi auf einer Rückfahrt gesagt hatte: „Lass uns im Camp vorbeischauen." Aus dem leicht geöffneten Autofenster hatte er die vor dem Gebäude versammelten Mädchen gegrüßt. Als die jungen Frauen Hodschaefendi sahen, brachen sie in Tränen aus. Wiederholend fragte ich mich innerlich: Was sah Leyla in den Augen von Mecnun? Was sahen diese Mädchen im Gesicht von Hodschaefendi?

Und was sah Hodschaefendi im Gesicht dieser Mädchen, dass er ihre Schluchzer mit seinen eigenen Tränen beantwortete? Tatsächlich war die Verbundenheit dieser jungen Frauen durch eine lang andauernde Geschichte begründet.

Eine Geschichte des Raumgebens und der Wiederherstellung verletzter Rechte für Mädchen und Frauen

Hodschaefendis deutlichster Ausdruck in Bezug auf die Diskriminierung, der Frauen ausgesetzt sind, findet sich in seinem Artikel „Gefangene des Raums und Frauen ohne Rechte", der auch in seinem Buch

Ölümsüzlük İksiri (Der Unsterblichkeitstrank) aufgenommen wurde. Die Hauptthese des Artikels ist, dass die Verletzung der Rechte von Frauen ein globales Problem ist und Anstrengungen unternommen werden müssen, um diese Ungerechtigkeit zu beheben. Seiner Meinung nach sind die Rechte, die den Frauen gewährt und als Freiheiten dargestellt wurden, auf die Befriedigung körperlicher Begierden ausgerichtet. Die Isolation und das Abdrängen von Frauen aus dem gesellschaftlichen Leben sind mit dem Geist der Religion nicht vereinbar. Frauen sollten unter Einhaltung der religiösen Regeln am sozialen Leben teilhaben.

In seiner Botschaft zum Weltfrauentag am 8. März 2017 erklärte Hodschaefendi:

„Ich betrachte Frauen und Männer als zwei Seiten derselben Medaille, so hat Gott sie erschaffen. Doch in verschiedenen Epochen führte ihre Zurückgezogenheit ins Haus, ihr Ausschluss aus dem öffentlichen Leben und ihre Isolation durch gewisse Tyrannen, die ihre aktive Teilnahme am Leben verhinderten, zum Verlust vielfältiger Privilegien.",

Großmeister Nursi spricht davon, dass die „Festung" des Islams seit drei Jahrhunderten zerfällt und darum wieder repariert werden muss. Hodschaefendi sah die Verwehrung der Frauenrechte als eine der beschädigten Mauern dieser Festung. Eine Kulturveränderung in einer Gesellschaft, die in ihren Traditionen festgefahren ist, ist jedoch keineswegs einfach. Dies betraf nicht nur Männer, sondern auch Frauen, die sich mit ihrer zugewiesenen Rolle abgefunden, sich zurückgezogen und diese Unterdrückung zu einem Teil ihrer Identität gemacht haben.

Hodschaefendi äußerte seine Ansicht zu diesem Thema wie folgt:

„Es ist offensichtlich, dass wir als Gesellschaft immer noch weit zurückliegen, wenn es darum geht, dass

> Die Isolation und das Abdrängen von Frauen aus dem gesellschaftlichen Leben sind mit dem Geist der Religion nicht vereinbar.

Frauen ihre vollen Rechte zurückerlangen und in allen Bereichen des Lebens gemäß diesen Rechten leben können. Einige Menschen, die in ihren festgefahrenen Meinungen durch Sitten und Traditionen bestärkt wurden, möchten nicht, dass die Frau aus dem ihr zugewiesenen Glaskasten ausbricht; selbst die zivilisiertesten Menschen sind nicht bereit, Frauen ihre vollständigen Rechte zu gewähren."

Die prophetische Methode

Um tief verwurzelte Probleme zu lösen, wandte Hodschaefendi die prophetische Methode an. Er betonte, dass die Diskriminierung und Unterdrückung von Frauen nur durch Bildung, beginnend bereits im Kindergartenalter, überwunden werden könne. Er ging das Problem schrittweise an, insbesondere durch die Ausbildung neuer Generationen.

Während er Begriffe wie „Lebensziel" *(gaye-i hayal)* und

„Aufopferungsbereitschaft" *(adanmışlık)* zu zeigen in unser Leben integrierte, wies Hodschaefendi Frauen und Männern dieselbe Rolle zu. Er war ein Pionier bei der Eröffnung von Mädchenschulen, Wohnheimen und Studentenwohnheimen. Ehepaaren vermittelte er die Botschaft, dass sie durch richtige Zeiteinteilung und Aufgabenverteilung gemeinsam am sozialen Leben teilnehmen können, ohne ihre Kinder und religiösen Pflichten vernachlässigen zu müssen.

In den sogenannten Lichthäusern lehrte er Jungen und Mädchen grundlegende Lebensfertigkeiten vom Abwaschen bis zum Kochen, vom Empfang von Gästen bis zum Bezahlen von Rechnungen und allgemeiner Haushaltsführung. Er wünschte sich, dass die Wohnungen von männlichen und weiblichen Studierenden so gepflegt und liebevoll eingerichtet sein sollten wie Brautgemächer.

Die Geringschätzung von Hausarbeiten betrachtete er als Ausdruck von Arroganz. Männer, die nicht für sich selbst sorgen konnten und daher von ihren Ehefrauen abhängig waren, bezeichnete er als „einarmig und einbeinig". Er sagte:

„Während es für Mädchen, die später in der Erziehung der Kinder als Pädagoginnen eine besondere Rolle übernehmen, wesentlich ist, wie eine Blume zart, feinfühlig und voller Mitgefühl heranzuwachsen, sollte ebenso darauf geachtet werden, dass sie in ihrem Streben nach Gerechtigkeit eine unerschütterliche, stahlharte Haltung entwickeln [damit sie nicht ausgenutzt oder unterdrückt werden]. Andernfalls könnten wir sie im Namen von Höflichkeit und Feinfühligkeit in untätige und hilflose Menschen verwandeln. Vergessen wir nicht: Auch eine Löwin ist letztlich ein Löwe."

Die Haltung, die er von den Männern der Gemeinschaft gegenüber Frauen erwartete, lebte er selbst vor. In diesem Sinne war er ein wahrer Gentleman.

Die Neuinterpretation von Überlieferungen über Frauen

Hodschaefendi unterzog traditionelle Aussagen über Frauen einer Neuinterpretation. Er erklärte, dass das göttliche Gebot in Sure An-Nisâ, Vers 34 „Die Männer stehen den Frauen in Verantwortung vor" *(Er-ricalu kavvamune ale'n-nisai),* nicht als Beweis für die absolute Dominanz des Mannes angesehen werden könne. Er verglich die vermeintliche Überlegenheit des Mannes gegenüber der Frau oder umgekehrt mit der Beziehung zwischen Auge und Ohr: Das Auge ist dem Ohr im Sehen überlegen, während das Ohr dem Auge im Hören überlegen ist.

> Ich betrachte Frauen und Männer als zwei Seiten derselben Medaille, so hat Gott sie erschaffen

Die im *Tesbihat* vorkommenden Bittgebete wie „Allahümme ecirnâ min şerri'n-nisâ" (*O Gott, bewahre uns vor den Übeln der Frauen*) interpretierte er neu. Er erklärte:

„Der Schönste aller Schönen hat der Frau einen Funken Seiner eigenen Schönheit verliehen und sie so erschaffen, dass sie durch ihre Harmonie, Anmut und Gestalt das Herz des Mannes stark ansprechen kann."

Die entsprechenden Gebete übersetzte er neu mit:

„O Gott, bewahre uns davor, aufgrund unserer Männlichkeit eine Übeltat zu begehen und in der Prüfung mit Frauen zu versagen. O Gott, bewahre uns davor, unseren Begierden zu folgen und dadurch Schaden zu erleiden. O Gott, rette uns davor, vom rechten Weg abzukommen, indem wir dem Reiz einer Frau aufgrund unserer Willensschwäche erliegen!"

Er fügte hinzu, dass Frauen in ihren Gebeten ebenso sagen können:

„Allahümme ecirnâ min şerri'r-ricâl" (O Gott, bewahre uns vor den Übeln der Männer), „Allahümme ecirnâ min belâi'r-ricâl" (O Gott, bewahre uns vor der Prüfung durch Männer), „Allahümme ecirnâ min fitneti'r-ricâl" (O Gott, bewahre uns vor der Versuchung durch Männer).

Selbst bei der Interpretation des Verses

„In Häusern, die Gott erlaubt hat zu errichten und in denen Seines Namens gedacht wird, preisen Ihn am Morgen und am Abend Menschen, die weder der Handel noch Kaufgeschäfte vom Gedenken an Gott, vom Verrichten des Gebetes und vom Entrichten der Almosenabgabe abhalten" (An-Nur 24:36 – 37)

vergaß er die Frauen nicht. Er kommentierte:

„Das bedeutet, es gibt auch Frauen mit einem so starken Willen wie Männer, die trotz der Ablenkungen der Welt, der Verlockungen von

Rang und Ruhm, des Eintauchens in Vergnügungen und der Verantwortlichkeiten mit dieser Hingabe handeln."

Was wir sehen und erfahren, ist kein Zufall

Dies sind nur einige ausgewählte Beispiele. In meinem eigenen Leben habe ich, wann immer ich eine geistige oder seelische Blockade erlebte, auf Hodschaefendis Werke zurückgegriffen. Jedes Mal fand ich die Antworten, die ich suchte, und das mit voller Zuversicht. Nie bin ich ohne Bereicherung aus diesem Schatz an Wissen und Erkenntnissen hervorgegangen. Unabhängig davon, was andere sagen, fragte ich stets: Was sagt er dazu? Ich habe Gott immer dafür gedankt, dass Er meine Seele durch seine Lehren befreit, meine Absichten vertieft und meine Perspektiven erweitert hat.

An dem Punkt, an dem wir heute stehen, sind die Ereignisse und Erfahrungen kein Zufall. Es ist kein Zufall, dass unsere Freundin, die das 20-köpfige Ärzteteam leitete, das Hodschaefendis Gesundheitszustand überwachte, eine der weltweit führenden Wissenschaftlerinnen auf ihrem Gebiet ist und ihre Ausbildung in Harvard absolviert hat. Es ist kein Zufall, dass Hodschaefendi acht Tage vor seinem Übergang ins Jenseits bei einem Treffen mit Akademikern angesichts der vielen anwesenden Frauen sagte: „Ich bin erfreut." (Wer weiß, wie lange er diesen Wunsch in sich getragen hatte.) Es ist kein Zufall, dass bei seiner Beerdigung so viele junge Frauen aus Gymnasien und Universitäten anwesend waren, die überwiegend in beratenden Funktionen tätig sind. Nichts davon ist zufällig.

Identitätsbildung

Die Worte, die diese jungen Frauen wählen, wenn sie das Wort ergreifen, oder die tiefe Trauer, die sie über Hodschaefendis Abschied empfinden, zeigen, dass sie sich des Erbes bewusst sind, das er ihnen hinterlassen hat.

Hodschaefendi sprach von „Identitätsbildung", vom „Errichten der Statue unserer Seele", von den „Werten, die uns ausmachen". Er war stets der Bildhauer unserer Seele und wird es weiterhin sein – sowohl individuell als auch gemeinschaftlich.

Der Dichter, der fragt: „Was sah Leyla in den Augen von Mecnun, dass er von der Liebe überwältigt wurde?",weist auf die transformative Kraft der Liebe hin, die das innere Auge öffnet. Jetzt ist es an der Zeit, erneut zu fragen:

Was sahen all diese Menschen in Hodschaefendis Augen,

dass sie bereit waren, alle Schwierigkeiten zu ertragen?

Sie wichen nicht von ihrem Weg ab, erlebten keine Zwietracht.

Sie ließen sich nicht von Drohungen einschüchtern und setzten ihren Weg fort.

Wir wissen, was sie sahen. Was auch immer es war –zum Glück sehen wir es auch …

GEDANKEN ZUM ABLEBEN VON FETHULLAH GÜLEN

Rabbiner Dr. Gábor Lengyel

Dr. Gábor Lengyel ist Seniorrabbiner der Liberalen Jüdischen Gemeinde Hannover. Gemeinsam mit Rümeysa Koç vom Forum für interreligiösen Dialog Niedersachsen führt er das Dialog- und Präventionsprojekt „Tandem interreligiös/interkulturell" zur Demokratiebildung gegen Rassismus, Antisemitismus und Islamfeindlichkeit durch.

Die Grundbedingung für ein Zusammenleben ist die Achtung vor den rechtlich geschützten Grundrechten und Freiheiten sowie die Erfüllung der damit verbundenen Verantwortlichkeiten." Diese Worte von Fethullah Gülen sehe ich im Zusammenhang mit dem Toravers: „Wenn ein Fremdling in eurem Lande weilt, sollt ihr ihn nicht bedrücken. Wie der Eingeborene unter euch sei euch der Fremdling, der bei euch weilt, und du sollst ihn lieben wie dich selbst; denn Fremdlinge wart ihr im Lande Ägypten.

RESPEKT VOR DEM GLAUBEN ANDERER

Fethullah Gülen als Vorbild des interreligiösen Dialogs

Andreas Renz

Dr. Andreas Renz, geb. 1970, katholischer Theologe und Religionswissenschaftler, Leiter des Fachbereichs Dialog der Religionen im Erzbischöflichen Ordinariat München, Lehrbeauftragter an der LMU und KSFH München; Mitbegründer des Theologischen Forums Christentum – Islam, Autor und Herausgeber mehrerer Bücher zum interreligiösen Dialog.

Der interreligiöse Dialog ist in den 1990er-Jahren zu einem zentralen Thema und Anliegen von Fethullah Gülen geworden. Er selbst ist etwa mit dem Ökumenischen Patriarchen von Konstantinopel im Jahr 1996 und mit Papst Johannes Paul II. 1998 zusammengetroffen, ebenso wie mit jüdischen und armenischen Vertretern, was ihm bis zuletzt Kritik, ja Verurteilung von islamistischen Kreisen oder etwa seitens der türkischen Religionsbehörde *Diyanet* eingebracht hat. Nach Fethullah Gülen anerkennt der Islam alle früheren Religionen und bekräftigt sogar „die elementare Einheit aller Religionen": „Islam, Christentum und Judentum verfügen über die gleichen Wurzeln, haben im Kern die gleichen Glaubensvorstellungen und erhalten aus der gleichen Quelle Nahrung." Mit dieser Haltung des Respekts vor dem Glauben anderer und der klaren theologischen Überzeugung ist ein Fundament eines friedlichen Zusammenlebens und konstruktiven Dialogs der abrahamitischen Religionen gelegt.

Sein klares Plädoyer für den Dialog und für die Praxis von Liebe und Toleranz, faktisch von vielen seiner Anhänger und Einrichtungen auch praktiziert, ist wohl das stärkste Unterscheidungsmerkmal gegenüber den islamistischen Bewegungen. Gülen verkündete zentrale Werte wie Familie, Bildung, Menschenwürde und Tugenden wie Vergebung, Toleranz, Gastfreundschaft, die allesamt auch im Christentum von größter Bedeutung sind. Diese gemeinsamen Überzeugungen lassen sich im gelebten Dialog, in der Zusammenarbeit und in den persönlichen Freundschaften erleben und mit Leben füllen. Die Personen und Einrichtungen in Deutschland und anderen westlichen Staaten, die der *Hizmet*-Bewegung angehören und sich von Fethullah Gülen inspirieren lassen, sind vorbildhaft integriert und zeigen viel zivilgesellschaftliches Engagement, das für die Gesellschaft insgesamt wertvoll ist. Ich schließe mich deshalb dem Urteil des Religionswissenschaftlers Michael Blume an: „Ohne Zweifel gehört die Gülen-Bewegung am Beginn des 21. Jahrhunderts zu den global produktivsten islamischen und interreligiösen Akteuren." Der *Hizmet*-Bewegung ist zu wünschen, dass Sie diesen Weg weiter beschreitet und ihre Haltung des Respekts und der Offenheit bewahrt.

DER FETHULLAH GÜLEN, DEN ICH KENNENLERNTE

Jon Pahl

Jon Pahl, PhD, ist ein Professor (Peter Paul and Elizabeth Hagan) für die Geschichte des Christentums. United Lutheran Seminary, Philadelphia, USA. Er ist Historiker, Autor, Lehrer, Pastor sowie Forscher und verfasste eine umfassende Biografie über Fethullah Gülen scwie die von ihm inspirierte Hizmet-Bewegung.

Als ich die erste kritische Biographie über den muslimischen Gelehrten und Prediger M. Fethullah Gülen auf Englisch schrieb, der am Sonntag im Alter von 86 Jahren starb, entschied ich mich bewusst dazu, ihn nicht zu treffen, bis ich einen vollständigen ersten Entwurf des Manuskripts beendet hatte. Ich bereue diese Entscheidung nun.

Meine Reue entstammt nicht wissenschaftlichen Gründen. Ich hatte mit den Primärquellen gearbeitet, was auch die Lektüre seiner nahezu 60 Bücher über koranische Auslegung, Theologie, kulturelle Kommentierung und Spiritualität einschloss. Ich hatte die vielfältigen Sekundärquellen über ihn und die Hizmet-Gemeinschaft durchsucht, die von ihm inspiriert worden war. Ich hatte Dutzende Interviews mit Freunden und Kritikern durchgeführt. Und dann verfasste ich das Buch, das in Deutschland als *Fethullah Gülen: Ein Leben des Hizmet* veröffentlicht wurde, inzwischen in ein Dutzend Sprachen übersetzt. Meine Reue entstammt der Tatsache, dass ich im Diesseits nicht mehr die Chance haben werde, seine aufmerksame, warme, großzügige, mitfühlende, in der Tat huldvolle Gegenwart zu erleben.

In der Nacht vor unserer Begegnung für zwei 90-minütige Interviews im Jahr 2018 schlief ich nicht gut. Was ich im Laufe meiner Recherchen herausgefunden hatte, war, dass es sich bei Gülen um einen Gelehrten handelte, der absichtlich tiefe Spiritualität mit wissenschaftlichen Kenntnissen verband. Er hatte eine globale Bewegung von Muslimen gegründet, die sich sowohl dem Islam als auch der modernen Welt verpflichtet fühlten – Gebet und Pluralismus, Pilgerreise und Bildung, Fasten und planetarischer Aufschwung, traditionelle Weisheit und Frauenrechte. Ich hatte Sorge, dass die reale Person nicht mit der Person auf dem Papier übereinstimmen könnte. Was, wenn er ein Schuft war?

Das war er nicht. Ich stellte ihm sehr fokussierte Fragen über seine Familie, über seine Bildungsphilosophie, über die Hizmet-Bewegung, über Politik und über Theologie. Er gab auf alle bedächtige und detaillierte Antworten.

Er zitierte für mich das Kinderlied „Song of the Foods“, das er als Junge mit seiner Schwester, Nurhayat, gesungen hatte, und er lächelte, als er sich daran erinnerte, wie sein Bruder, Sıbgatullah, versucht hatte mitzusingen, „aber nicht wirklich besonders gut harmonierte.“

Er verneinte, jemals den aktuellen Präsidenten der Türkei, Recep Tayyip Erdoğan, unterstützt zu haben: „Natürlich besuchen wir einige der gleichen Veranstaltungen“, sagte er. Doch Gülen wiederholte, was ich bereits wusste: Er hatte sich nie einer politischen Partei angeschlossen, und er hatte nie jeglichen Kandidaten befürwortet.

Als Sündenbock verleumdet, um Erdoğans Machtbasis inmitten der gespaltenen Politik der Türkei zu festigen, weinte er. Seine Tränen rührten nicht daher, dass sein Ruf geschädigt wurde, der in seinen Predigten und Essays für jeden, der sie lesen wollte, sicher etabliert war; vielmehr weinte er, weil seine Schülerinnen und Schüler, die Engagierten in der Bewegung aus ihren Berufen als Lehrer, Richter, Polizeibeamte, Bankiers, Bäcker, Bauarbeiter und mehr entlassen wurden. Sie wurden verhaftet, inhaftiert, ins Exil geschickt, und das unter den fadenscheinigsten Anklagepunkten. Sie waren seine Freunde, seine Brüder, seine Schwestern. Er weinte.

> Er hatte eine globale Bewegung von Muslimen gegründet, die sich sowohl dem Islam als auch der modernen Welt verpflichtet fühlten

Diese Empathie war eine seiner bemerkenswertesten und nobelsten Charaktereigenschaften. Ich weinte mit ihm.

Aber wir lächelten und lachten sogar noch mehr. Er hatte einen wunderbaren, trockenen Sinn für Humor, verwoben mit einem sanften Sarkasmus. Wir riefen uns ins Gedächtnis, wie ihm die Schuld für alles Schlechte in der Türkei gegeben wurde – sogar Fußballspiele; wild gewordenes Verschwörungsdenken.

Und wir fanden den gemeinsamen Nenner Gott – ein Christ und ein Muslim, die über unsere Unterschiede hinweg zusammenkamen. Er bemühte sich um und knüpfte gute Beziehungen zu jüdischen, orthodoxen, römisch-katholischen, protestantischen, kurdischen und armenischen Menschen sowie Gemeinschaften.

Ich fragte ihn nach seiner Motivation – was trieb ihn durch die aktuellen Schwierigkeiten zum

Weitermachen an? Er sprach nicht von sich selbst, sondern davon, Gottes Wohlwollen durch „müspet hareket“ zu erstreben, positives, nicht-reaktives Engagement, um die Welt zu verbessern. Selbstloses Handeln war sein Ziel und seine innigste Wahrheit, ähnlich wie Ghandis Satyagraha oder Kraft der Wahrheit. Er lebte, um Gott zu gefallen.

„Macht liegt in der Wahrheit“, sagte er oft. Und die Wahrheit über Fethullah Gülen ist, dass er ein bescheidener und frommer Mann Gottes war, nun umfangen von den liebenden Armen des Ewigen.

Als wir uns zuletzt trafen, vor etwa einem Jahr, war er sehr gebrechlich, aber nach wie vor geistig fit.

> Seine Tränen rührten nicht daher, dass sein Ruf geschädigt wurde, sondern weil seine Schülerinnen und Schüler … verfolgt wurden

Er zeigte mir eine Kopie der albanischen Übersetzung meiner Biographie über ihn. Und er machte mir ein Kompliment, das ich nie vergessen werde: „Jon, Sie haben mehr getan als Tausend Muslime.“ Wir umarmten uns, als ich ging. Ich ahnte, dass ich ihn nicht wiedersehen würde. Und ich empfand eine Leere, die inzwischen zu Reue und anhaltender Abwesenheit angewachsen ist.

Möge er in seinem wohlverdienten Frieden ruhen – ein Ziel, nach dem er mit den geübten, gewaltfreien Mitteln im Herzen des Islam strebte, sein ganzes generatives und produktives Leben lang.

FETHULLAH
Ein Leben des Hizmet
GÜLEN
JON PAHL
Warum ein muslimischer Gelehrter in Pennsylvania für die Welt wichtig ist
JON PAHL
Ein Leben des Hizmet
FETHULLAH GÜLEN

“

Ein mächtiger Baum entspringt einem winzigen Samen, der ehrenwerte Mensch entwickelt sich aus einem kleinen Lebewesen, einem Mikroorganismus. Die Sonne formt sich aus winzigen Partikeln, und ein gewaltiges Meer entsteht aus unzähligen Tropfen. Welch atemberaubende Ergebnisse können doch aus kleinsten Ursprüngen oder unscheinbaren Ursachen hervorgehen!

—aus Perlen der Weisheit

”

MIT HODSCHAEFENDI DAS BUCH DER SCHÖPFUNG LESEN

Prof. Dr. İrfan Yılmaz

Prof. Dr. İrfan Yılmaz wurde 1953 in İzmir geboren und ist Absolvent der Zoologie-Botanik-Fakultät der Ege-Universität. Er wurde Dozent an der Dokuz Eylül-Universität und verfasste über 500 Artikel. Yılmaz war ein enger Freund und Weggefährte von Gülen. Von der Gründung bis zur Schließung war er Redakteur der Sizinti-Zeitschrift. Nun veröffentlicht er mit seinem Autorenteam die Zeitschrift Çağlayan. Er war maßgeblich an der Gründung mehrerer Zeitschriften beteiligt, die von der Hizmet-Bewegung initiiert wurden.

Meinen ersten Kontakt mit Hodschaefendi hatte ich 1973, als ich die Abhandlung über die Natur aus der Sammlung der Risale-i Nur las. Zwei Jahre später, 1975, lernte ich ihn auf eine ganz andere Weise kennen: Trotz seiner fehlenden Spezialisierung in diesem Gebiet hielt er vor einem großen Publikum in Izmir einen Vortrag über ein Thema aus der Biologie und Geologie. Es war beeindruckend.

Zwischen 1970 und 1980 war die Türkei in zwei Lager gespalten – links und rechts. Täglich kamen bei Auseinandersetzungen 20 bis 25 Menschen ums Leben. In dieser schwierigen Zeit war es eine Fügung des Schicksals, dass Hodschaefendi als Prediger in der zentralen Moschee von Bornova tätig wurde. Diese lag in der Nähe der Ägäis-Universität.

Von 1966 bis 1971 widmete er sich der Ausbildung von Schülern im *Kestanepazarı*-Korankurs in Izmir. Nach kurzen Einsätzen als Prediger in Edremit und Manisa wurde er nach Bornova versetzt. Dort hatte die Universitätsjugend die Möglichkeit, Hodschaefendi näher kennenzulernen – eine bedeutende Gelegenheit.

Die meisten damals teilnehmenden Studenten besaßen einen eher unreflektierten kulturellen Glauben und hatten die Gewohnheit, nur zu Freitagsgebeten zu kommen, ohne die täglichen Hauptgebete wahrzunehmen. Die Freitagspredigten und die Frage-Antwort-Gesprächsrunden, die er zwischen dem Abend- und Nachtgebet abhielt, führten dazu, dass es die Jugendlichen auf einmal in die Moschee zog.

Die Zeit in der Bornova-Zentralmoschee war geprägt von einer besonderen Herausforderung. Viele junge Menschen kamen mit einem schwachen Glauben oder einer inneren Leere, die sich von der Mittelstufe an vergrößerte. Besonders die junge Generation war gegen die materialistischen und atheistischen Ideologien jener Zeit oft machtlos.

Viele entwickelten ein tiefes Minderwertigkeitsgefühl.

Ich erinnere mich noch lebhaft an ein Erlebnis im Physikunterricht in der Mittelstufe. Es ging um die Frage: „Lässt Gott es regnen oder sind es Naturkräfte?“ Am Ende der Diskussion nannte mich der Lehrer einen „Fanatiker“, „Rückständigen“ und „Feind der Wissenschaft“. Diese Demütigung brannte sich in mein Gedächtnis so ein, dass ich sie nie wieder vergaß.

An der Universität ging es weiter. In beinahe jedem Fach, offen oder subtil, wurde unter dem Deckmantel der Wissenschaft ständig für materialistische und atheistische Sichtweisen geworben. Wir suchten verzweifelt nach einem Ausweg. In dieser Zeit begann Hodschaefendi, uns mit den Wahrheiten des Glaubens zu begegnen. Von der Kanzel der Moschee aus trug er uns Inhalte aus der *Risale-i-Nur*-Sammlung auf verständliche Weise vor. Es war wie ein Balsam für unsere verunsicherten Seelen. Durch seine Worte begann ein Wandel: Wir bewegten uns vom nachgeahmten Glauben hin zu einem tiefgründigen, reflektierten Glauben.

Mit der Renaissance begann in der westlichen Welt eine neue Wissenschaftsauffassung. Wissenschaftler, die in der Kirche keine Antworten fanden, wandten sich direkt dem „Buch der Schöpfung“„ der Natur zu. Ihre auf Experiment und Beobachtung basierende Methodik führte zu einer kühlen Haltung gegenüber der Religion. Dieser Konflikt zwischen Wissenschaft und Glaube hatte wesentliche Ursachen: Die Diskrepanz zwischen den wissenschaftlichen Erkenntnissen und den astronomischen, geologischen und biologischen Inhalten der Bibel entfremdete viele Wissenschaftler von der Religion. Manche nahmen sogar eine feindselige Haltung ein. Das stärkte den Materialismus und Positivismus erheblich.

Die islamische Welt, die die Gründe für die wissenschaftliche und technologische Überlegenheit des Westens nicht analysieren konnte, bekam ein Minderwertigkeitsgefühl. In der Zeit des Tanzimat und der konstitutionellen Monarchie führte dies zu einer gefährlichen Denkweise: „Der Westen hat die Religion aufgegeben und damit Fortschritt erreicht. Wenn wir ebenfalls vorankommen wollen, müssen wir die Religion hinter uns lassen.“

Er zeigte, dass die Wahrheiten des Korans und das Buch der Schöpfung nicht im Widerspruch stehen, sondern wie zwei Seiten einer Medaille zusammengehören.

Dabei hatte der Koran eine völlig andere Perspektive. Von seinen über sechstausend Versen befassen sich etwa zweitausend direkt mit der Schöpfung und den Wissenschaften. Doch viele Muslime waren sich dessen nicht bewusst. Der Koran wurde oft nur auf Beerdigungen rezitiert, ohne sein tieferes Verständnis zu erlangen.

Hodschaefendi nutzte die *Risale-i Nur,* die Werke von Bediuzzaman Said Nursi, um diese Wissenslücke zu schließen. Er verband physikalische, biologische und mathematische Erkenntnisse mit den Wahrheiten des Glaubens, wie der Einheit Gottes, der Bestimmungen des Vorwissensgottes *(qadr)* und der Wiederauferstehung. Dadurch befreite er uns von unserem Minderwertigkeitskomplex. Er zeigte, dass die Wahrheiten des Korans und das Buch der Schöpfung nicht im Widerspruch stehen, sondern wie zwei Seiten einer Medaille zusammengehören.

Bediüzzaman drückte es treffend aus: „Die Erleuchtung des Gewissens sind die religiösen Erkenntnisse, die des Verstandes die aus menschlicher Forschung resultierenden Wissenschaften. Ihre Verbindung öffnet neue Horizonte für die Menschheit. Ihr Ungleichgewicht führt jedoch zu Fanatismus oder Leugnung.“ Diese Botschaft wurde zu einem Lebenselixier für die suchenden jungen Menschen.

In dieser Zeit erreichte Hodschaefendis Botschaft nur ein begrenztes Publikum. Seine Vorträge in der Moschee von Bornova hörten drei- bis viertausend Menschen. Aufnahmen auf Kassetten gelangten lediglich in nahegelegene Städte. Doch während die wissenschaftlichen Wahrheiten des Korans Herz und Verstand der Zuhörer erleuchteten, blieben Millionen Schüler an öffentlichen Schulen dem materialistischen und positivistischen Verständnis von vielen Lehrerinnen und Lehrern ausgesetzt. Viele von ihnen glitten langsam in den Atheismus ab.

Um dem entgegenzuwirken, entstand der Gedanke, eine Zeitschrift herauszugeben. Diese sollte die Wahrheiten des Glaubens in einem

klaren, wissenschaftlichen und ansprechenden Stil vermitteln. So wurde die Zeitschrift *Sızıntı* gegründet, das erste offizielle Publikationsorgan der *Hizmet*-Bewegung. Sie diente als zeitgemäße Interpretation des *Risale-i Nur*. Hodschaefendi leitete das Redaktionsteam persönlich an. Er zeigte ihnen, wie Artikel zu schreiben und Botschaften zu formulieren waren. Er betonte die Bedeutung eines respektvollen Umgangs mit der Religion und wies darauf hin, wie man rechtliche Fallstricke, etwa das umstrittene Gesetz 163 des türkischen Strafgesetzbuchs, umgehen konnte.

Sein Ansatz war bahnbrechend. Er erklärte, wie man die Ordnung und Perfektion in der Schöpfung beschreibt und sie mit den göttlichen Attributen wie Wissen, Macht und Weisheit verknüpft. Dabei sollten die Leser durch Fragen zum Nachdenken angeregt werden, ohne Widerstände hervorzurufen. Diese Methode legte das Fundament dafür, wie das Buch der Schöpfung zu lesen und zu verstehen ist.

> Hodschaefendi hat die Prinzipien seiner Arbeit festgelegt und uns eine klare Vision hinterlassen

Hodschaefendi war ein Visionär. Er verstand es, die Gegenwart zu analysieren und Zukunftsperspektiven zu eröffnen. Bereits 2001, als das Humangenomprojekt abgeschlossen wurde, sprach er von der Zukunft der Biologie. Er wies darauf hin, dass die Behandlung von Krankheiten wie Krebs oder Alzheimer eng mit der Genforschung verbunden sein würde.

Doch er warnte auch: Bei der Interpretation von Koranversen und Hadithen müsse man wissenschaftliche Erkenntnisse mit Sorgfalt prüfen. Oberflächliche Behauptungen wie „Das steht auch im Koran" ohne fundierte Belege könnten mehr Schaden als Nutzen bringen.

Hodschaefendi hat die Prinzipien seiner Arbeit festgelegt und uns eine klare Vision hinterlassen. Er zeigte, wie sich die unveränderlichen Wahrheiten des Korans mit den sich ständig weiterentwickelnden wissenschaftlichen Erkenntnissen vereinen lassen. Nun liegt es an uns, diese wertvolle Hinterlassenschaft weiterzuführen. Möge Gott ihn mit dem Paradies ehren und uns die Kraft geben, dieses Vermächtnis zu bewahren.

Der Koran weist uns in vielen klaren Versen diesen Weg und beschreibt Vernunft als die Verbindung des Denkens mit der Ewigkeit. An einer Stelle heißt es: ‚Schauen sie denn nicht zum Himmel über ihnen? Sehen sie nicht, wie wir ihn fest gefügt haben, ohne jede Rissstelle oder Unausgeglichenheit? Wir haben die Erde ausgebreitet und sie mit mächtigen, schwerlastenden Bergen stabilisiert, damit Gleichgewicht herrscht. Und wir ließen auf ihr vielfältige Pflanzenarten wachsen – in Paaren, die Augen und Herzen erfreuen. All dies haben wir geschaffen, um jedem, der sich Gott zuwendet, die Macht seines Schöpfers vor Augen zu führen und lehrreiche Zeichen zu geben.‘

Dann fährt der Vers fort: ‚Wir sandten aus den Himmeln ein segensreiches Wasser herab und ließen damit Gärten entstehen, reifes Getreide und majestätische Dattelpalmen, die schwere Fruchtbüschel tragen.‘

Mit diesen Bildern lenkt der Koran unseren Blick vom Himmel zur Erde und weiter zu den Gnadengaben, die Gott für uns bereitet. Er ruft uns auf, unseren Verstand zu nutzen, über diese Zeichen nachzudenken, im Glauben tiefer zu werden und an Erkenntnis zu gewinnen. Immer wieder hebt er die Bedeutung des Sichtbaren hervor und lädt uns ein, die Erde, die ständig vor unseren Augen liegt, zu betrachten.

So erinnert er uns: ‚Reisen sie nicht über die Erde, damit sie Herzen entwickeln, die verstehen und empfinden, und Ohren, die die Wahrheit hören? Aber blind sind nicht ihre Augen – blind ist das innere Sehvermögen ihrer Herzen.‘

Der Koran betont, dass es die verschlossenen Herzen sind, die den Menschen von der wahren Erkenntnis trennen. An anderen Stellen rügt er jene, die ihren Verstand und ihr inneres Sehen nicht nutzen: ‚Wie viele Zeichen gibt es in den Himmeln und auf der Erde, an denen sie achtlos vorübergehen, ohne sie wirklich zu beachten?‘

Mit diesen Worten macht der Koran deutlich, wie wichtig Absicht und bewusste Betrachtung sind. Ein bloßes Schauen, ohne zu reflektieren, bleibt bedeutungslos.

—aus Perlen der Weisheit

GEDANKEN ZU FETHULLAH GÜLEN

Folker Thamm

Folker Thamm, Pastor i. R., von 1975 bis 1985 geschäftsführender pädagogischer Leiter der Landesorganisation der EEB Niedersachsen. Pastor in der Dreifaltigkeitskirche Hannover.

Die Nachricht vom Tode des islamischen Geistlichen und Gelehrten Fethullah Gülen betrübt mich. Er war für einige meiner Freunde ein Leuchtturm, der Licht und Orientierung gab.

Was finde ich als evangelischer Christ, der am interreligiösen Dialog interessiert ist, interessant an Fethullah Gülen und an der Hizmet-Bewegung?

Wer sich in Europa umschaut, der stellt fest, dass der gegenwärtige Islam vielfach als „politischer Islam" verstanden und von Christenmenschen oft vehement abgelehnt wird. Überall gibt es islamisch motivierten Terrorismus im Kleinen und im Großen. Das wird von ihnen als Gefahr erlebt. Nur wenige Bekannte von mir glauben, dass ein interreliöser Dialog mit Muslimen überhaupt möglich ist. Und nun begegnen mir Menschen aus der Türkei, die bei uns politisches Asyl beantragen, weil sie in ihrem Heimatland verfolgt werden, Leute aus der *Hizmet*-Bewegung: gebildet, fromm, interessiert an einer Gesellschaft, die Religionsfreiheit garantiert und an Menschen, die am Dialog interessiert sind.

Ich habe Fethullah Gülen nie persönlich kennengelernt, aber u. a. das Buch „Kein zurück von der DEMOKRATIE" gelesen. Das hat mir sehr gefallen. Mir ist ein Gelehrter begegnet, der sich nicht nur mit der islamischen Tradition befasst, sondern auch Theologen, Philosophen und Gelehrte der sog. westlichen Welt in sein Denken einbezogen hat. Es geht immer um Religion, um Gottesbezug, ja „Gottesfreundschaft". Ich fand es schön, dass der berühmte Spruch von Albert Einstein aufgegriffen wurde: „Wissenschaft ohne Religion ist blind. Religion ohne Wissenschaft ist lahm." Es geht also um Bildung, religiöse Bildung eingebettet in einen großen Bildungskanon. Das hat mir bei *Hizmet* immer sehr gefallen. Kein Scheuklappen, sondern Interesse auch am Anderen. Ein Islamist ist in diesem

Sinne nicht gebildet, er ist auch nicht fromm, er ist ideologisch verblendet. Wenn Gülen Sätze sagt wie: „Die Liebe ist der direkteste und sicherste Weg zur menschlichen Vervollkommnung" (*Perlen der Weisheit*, 2009, S. 24), dann spricht er mir aus dem Herzen. Ja, es geht eigentlich wie in der Tradition der muslimischen Sufis und der christlichen Mystik um „Herzensbildung". Manchmal finde ich die Sprache von Fethullah Gülen sehr poetisch, unscharf und aus meiner Perspektive nicht klar genug. Ich denke da an manchen Artikel in der „Fontäne". Das erinnert mich an die Lektüre eines Buches von B. Said Nursi (*Kleine Worte zu den Geheimnissen des Seins*). Ich empfinde eine solche Lektüre als schwierig und irgendwie nicht zeitgemäß. Dennoch: Es gibt eben auch viele klare Aussagen, die einen Islam bezeugen, der dialogoffen und zukunftsorientiert ist. Arhan Kardas hat dafür das Wort „ziviler Islam" geprägt. Diese Gedanken bei *Hizmet* weiterzuentwickeln und im interreligiösen Dialog zu vertreten, wäre sinnvoll und hilfreich. Wie steht es um den innerislamischen Dialog? Gibt es diesen überhaupt in Deutschland?

BEILEIDSBEKUNDUNGEN AUS GRIECHENLAND

Thomas Sideris

Mitglied der PEPU/ IFJ (Internationaler Journalistenverband),

An einem Abend im März 2019 traf ich den lieben Fethullah Gülen. Als er mich sah, umarmte er mich, und wir blieben mehrere Minuten in den Armen des anderen. Es war etwas Kraftvolles, Metaphysisches. Er hielt mich fest umschlungen. An einem Punkt spürte ich seine Tränen an meinem Hals. Ich versuchte, meine Gefühle zu unterdrücken. Schließlich sagte er „Danke für alles" und bat mich, auf seinem Sessel Platz zu nehmen. Er setzte sich mir gegenüber und erzählte mir von den Flüchtlingen, die den Fluss Evros und die Ägäis überquerten. „Ich danke den Griechen für die Hilfe, die sie leisten", sagte er. Wir sprachen auch über andere Dinge, die ich jetzt nicht erwähnen werde. Ich möchte euch allen mein tiefstes Beileid aussprechen und wünsche, dass ihr mit derselben Hingabe und demselben Glauben in seinen Fußstapfen weitergeht.

Und ich sage dies weder als Türke noch als Muslim. Ich hoffe, dass eines Tages, wenn ich in die USA zurückkehre, mein Freund Sait mich zu seinem Grab bringt und ich ein paar Blumen niederlegen kann. Mein lieber Fethullah, ich wünsche Dir eine sichere Reise ins Licht.

Thomas Sideris

Katerina Markou

Inhaberin und Leiterin des
Papazisis-Verlags sowie
ehemalige Abgeordnete.

Vor zwei Jahren habe ich Herrn Gülen anlässlich der Veröffentlichung seiner Biografie in Griechenland kennengelernt. Das Treffen fand in seinem Haus in Pennsylvania, USA, statt. Damals war er 84 Jahre alt, und die Spuren der Zeit waren deutlich an ihm zu sehen, doch er hatte einen klaren Geist. Als moderate Stimme des Islams zeigte er eine eindeutige Haltung, indem er weltweit jede Form von extremer Gewalt verurteilte. Er kritisierte die Einmischung des Militärs in das politische Leben der Türkei und sprach offen über Demokratie.

Den Millionen von Menschen auf der ganzen Welt, die ihn lieben, an seine Worte glauben und ihm folgen, spreche ich mein tiefstes Beileid aus.

Katerina Markou

Sotiris Livas

Professor und Experte
Dozent an der Ionischen Universität, Anwalt und
Übersetzer der Hizmet-Bücher ins Griechische.

Fethullah Gülen prägte eine ganze Ära der Türkei. Der religiöse Prediger und Denker, der oft seine Stimme gegen Erdoğan erhob, wurde von Ankara als Terrorist Nummer eins bezeichnet. Gülen verurteilte jede Form von Gewalt. Als Unterstützer der Demokratie verurteilte er einst die Einmischung des Militärs in das politische Leben der Türkei und wurde von den Kemalisten inhaftiert. Er glaubte an Bildung, interreligiösen Dialog und Frieden. In seinen Predigten sprach er über die Notwendigkeit, Brücken zwischen den Zivilisationen zu bauen. Millionen von Muslimen wurden von seinen Ideen inspiriert.

Sotiris Livas

LIEBE FREUNDE DER HIZMET-BEWEGUNG

Dr. Yakov Nagen

Yakov Meir Nagen (geboren am 17. Juni 1967) ist ein israelischer Rabbiner und Autor. Nagen ist eine führende Persönlichkeit im interreligiösen Dialog und insbesondere in interreligiösen Friedensinitiativen zwischen Judentum und Islam. Er ist Direktor des Blickle-Instituts für Interreligiösen Dialog und des Beit Midrash für Judentum und Menschlichkeit. Nagen lehrt außerdem an der Yeshivat Otniel und hat umfangreich über jüdische Philosophie und den Talmud geschrieben.

Ich schließe mich Ihnen in der Trauer um den Verlust von Hodschaefendi an, der der Welt als Fethullah Gülen bekannt war. Mit großem Respekt und Ehrfurcht teile ich meine Eindrücke von seinem tiefgreifenden Einfluss auf diejenigen, die ihn getroffen und seine Werke studiert haben. Durch diese Reflexion hoffe ich, Worte des Trostes zu bieten und Hoffnung zu inspirieren, während wir in die Zukunft blicken.

Als Rabbiner, der sich der Heilung der Beziehungen zwischen Juden und Muslimen widmet, habe ich in Gülen einen führenden Kopf in diesem historischen Prozess gefunden. Gülens Ansatz ist tief in Koran und Hadith verwurzelt und geht über Toleranz hinaus, indem er den „Anderen" als Segen Gottes umarmt – jeden Menschen wertschätzt und aus göttlicher Perspektive betrachtet. Diese Prinzipien von Demut und Respekt resonieren tief mit meiner eigenen Tradition und persönlichen Mission.

Letztes Jahr hatte ich die Ehre, Gülen in seinem Zuhause zu besuchen. Obwohl es ihm gesundheitlich nicht besonders gut ging, stimmte er dem Besuch höflich zu. Ich brachte eine ins Arabische übersetzte Kopie der Tora mit, die eine Brücke zwischen der Tora und der Sprache des Korans symbolisiert. Er hob die Tora mit Freude empor und sagte: „Dies wird eine Krone auf meinem Haupt sein." Es war eine Geste, die an den Hadith (Sunan Abu Dawud 40) erinnert, in dem Mohammed (Friede & Segen sei mit ihm) aufstand, um eine ihm gebrachte Tora-Rolle zu ehren — ein Ausdruck tiefen Respekts.

Später an diesem Tag überreichte mir einer seiner Schüler eine schöne kalligrafische Darstellung eines Verses aus dem Buch der Psalmen, inspiriert von Gülens Lehren. Der Koran erkennt schließlich die einzigartige Stellung der Psalmen unter den heiligen Büchern an: „Und Wir gaben Dawud (David) das Buch der Psalmen" (Sure Al-Isra 17:55). Der ausgewählte Vers, Psalm 145:10, lautet: „Deine Werke sollen Dich preisen, o HERR, und Deine Frommen Dich segnen." Dies verstärkte ebenfalls das gemeinsame Erbe der Ehrfurcht und des Respekts vor heiligen Texten und einer universellen Vision für die Welt.

Eine der Eigenschaften, die bei Gülen besonders auffiel, war seine Demut. Vor Jahrzehnten machte er Aussagen über Juden, die er später bereute und als Fehler oder Missdeutungen anerkannte. In einem Interview mit The Atlantic im Jahr 2013 sagte er: „Während des interreligiösen Prozesses in den 1990er Jahren lernte ich Praktizierende nicht-islamischer Glaubensrichtungen kennen und habe seitdem meine Ausdrucksweisen aus früheren Perioden überdacht. Ich gebe aufrichtig zu, dass ich einige Verse und prophetische Aussagen missverstanden haben könnte." Diese Offenheit für Wachstum und Veränderung spiegelt die talmudische Lehre in Berachot 34b wider, wo das höchste Lob denen vorbehalten ist, die in der Lage sind, ihre eigenen Fehler zu erkennen und sich weiterzuentwickeln.

Als ich Gülen traf, hatte ich viele Fragen bezüglich des Status des jüdischen Volkes, des Judentums und der Tora innerhalb des Islam. Diese Anfragen liegen im Zentrum meiner Arbeit als Direktor des Ohr Torah Stone's Blickle Institute for Interfaith Dialogue. In unserer gemeinsamen Geschichte glaube ich, dass es Gottes Wille ist, dass Juden und Muslime in gegenseitigem Respekt und Geschwisterlichkeit die Vision von Zephanja 3:9 erfüllen: dass die Menschheit vereint den Namen Gottes anruft und gemeinsam dient. Mir wurde geraten, meine Fragen schriftlich einzureichen, und ich erhielt am 4. Oktober 2023 eine umfassende, respektvolle Antwort. Dieses Dokument wird, so glaube ich, als historisches Zeugnis unserer gemeinsamen Werte und Bestrebungen stehen.

Religion wird oft als Ursache von Konflikten angeführt, aber sie muss auch Teil der Lösung sein. Unsere religiösen Identitäten sollten uns nicht trennen, sondern eine Quelle der Verbindung sein. Diese Verbindung gedeiht, wenn wir verstehen und fühlen, dass der Gott, den wir anbeten, derselbe Gott ist, der von anderen geliebt und verehrt wird.

Abschließend möchte ich den Millionen von Hizmet-Anhängern Worte der Hoffnung darbieten. Der Buchstabe „H" am Anfang von Hizmet hat für mich besondere Bedeutung, da ich aus erster Hand die Tugenden von Gastfreundschaft (Hospitality), Demut (Humility), Hoffnung (Hope), Heilung (Healing), Herz (Heart) und Menschlichkeit (Humanity) innerhalb dieser Bewegung erlebt habe.

Möge Gülens Andenken ein Segen sein, und möge Hizmet weiterhin der Welt Segen bringen.

27. 10. 2024, Jerusalem

MEIN BILD VON FETHULLAH GÜLEN HODSCHAEFENDI

Sait Koçer

Sait Koçer ist islamischer Theologe und war Lehrer für den Islamunterricht in der Türkei. Koçer war Schüler von Fethullah Gülen. Er war einer von etwa 140 Schülern, die bei ihm über mehrere Jahre die klassisch islamischen Quellen studierten.

Persönlichkeit und Wesensart

Fethullah Gülen Hodschaefendi zeichnete sich durch große Bescheidenheit aus. Er betrachtete sich als „ein Mensch unter den Menschen". Tatsächlich hielt er sich für den unbedeutendsten unter ihnen. Doch jeder, der ihn näher kannte, sah, dass Hodschaefendi eine außergewöhnliche Persönlichkeit mit einzigartigen Eigenschaften war. Sein Wesen war geprägt von inniger Liebe zum Propheten und zu Gefährten, einer von Hoffnung auf die Zukunft durchdrungenen Lebenshaltung, einer Leidenschaft fürs Lesen, Schreiben und die Literatur sowie einer warmherzigen Art, mit anderen Menschen zu kommunizieren. Sein Charakter war durch Loyalität gegenüber Freunden, Dingen und Erinnerungen, Großzügigkeit und eine besondere Vorliebe anderen ein Geschenk zu machen, geformt.

Hodschaefendi war von Natur aus lebhaft, stolz und mutig, zugleich aber auch ein Mensch mit einer ausgeprägten Vorliebe für Ordnung und Disziplin. Er pflegte eine starke Bindung zu seiner Familie und seinen Angehörigen und zeigte Liebe und Mitgefühl für alles Lebendige. Sein Bewusstsein für Geschichte war tief, und seine spirituelle Ausbildung, die in der Familie begann und unter der Anleitung von Muhammed Lütfi Efendi fortgesetzt wurde, begleitete ihn ein Leben lang. Zu dieser Entwicklung trugen auch die Werke der *Risale-i Nur* bei, mit denen er während seiner Medrese-Ausbildung Bekanntschaft machte.

Wissenschaftliche und philosophische Interessen

Hodschaefendi verfügte über fundierte Kenntnisse in den grundlegenden Prinzipien moderner Wissenschaften wie Physik, Chemie, Biologie und Astronomie. Gleichzeitig setzte er sich kritisch mit existenzialistischen Philosophen wie Camus, Sartre und Marcuse sowie mit zentralen Werken der östlichen und westlichen Philosophie auseinander. Seine umfassende Bildung ermöglichte es ihm, Liebe, Logik, Weisheit und Emotionen in einem ausgewogenen Blick zu vereinen und sich durch klare Einsicht und Urteilsvermögen auszuzeichnen.

Eine facettenreiche Persönlichkeit

Ein Gelehrter: In den islamischen Wissenschaften besaß Hodschaefendi tiefgehende Kenntnisse, die ihn zu einem herausragenden islamischen Gelehrten machten.

Ein Spiritueller: Seine Interpretationen über die innere Bedeutung von Ereignissen und deren Beziehung zu Allah wiesen ihn als einen Arif (Kenner göttlicher Geheimnisse) aus.

Ein Diener Gottes: Hodschaefendi widmete sein Leben dem Gebet, der Anbetung und dem Dienst an der Menschheit. Trotz zahlreicher lukrativer Angebote und Tantiemen lebte er ein bescheidenes Leben als Zahid (asketischer Mensch).

Ein moderner Sufi: Durch sein Werk „Die Smaragdgrünen Hügel des Herzens" und sein eigenes Leben brachte er die spirituellen Werte des Sufismus in eine zeitgemäße Form.

Ein Vorbild: Hodschaefendi wurde in Gedanken, Handlungen, Glauben und Emotionen als Orientierungspunkt wahrgenommen, was ihn zu einem Modell für viele machte.

Lehrer, Wegweiser und Vermittler

Als Lehrer bildete Hodschaefendi über 150 Schüler in unterschiedlichen Disziplinen in der und um die islamische Literatur aus und widmete täglich mehrere Stunden der Vermittlung und dem Verstehen der islamischen Quellen.

Als spiritueller Wegweiser inspirierte er die Gründung zahlreicher Bildungseinrichtungen weltweit und wurde zu einem Mentor und Bildungsführer.

Als Intellektueller schrieb er über Themen wie Religion, Ethik, Wissenschaft, Kunst, Wirtschaft, Medien, Toleranz und Dialog. Seine tiefgründige Analyse moderner Konzepte und Strömungen machte ihn zu einem Denker seiner Zeit.

> Fethullah Gülen Hodschaefendi zeichnete sich durch große Bescheidenheit aus. Er betrachtete sich als ‚ein Mensch unter den Menschen'

Als Akteur setzte er seine Ideen in die Tat um und leitete konkrete Projekte zur Lösung von Problemen. Dabei überwogen seine praktischen Taten oftmals seine theoretischen Überlegungen.

Ein Vermittler und Friedensstifter

Hodschaefendi war nicht nur ein Mann des Dialogs, sondern auch ein Brückenbauer zwischen unterschiedlichen Gesellschaftsgruppen und Kulturen. Er war bestrebt, Konflikte und Spaltungen zu vermeiden und förderte Einheit und Frieden.

Einige herausragende Merkmale dieser unabhängigen zivilen Bewegung

Handeln unter der Wegweisung des Korans und der Sunna: eine Einheit von Glaube und Tat, geprägt von einem tiefen Gottesbewusstsein und Verantwortungsgefühl.

Verpflichtung zu Ehrlichkeit und Standhaftigkeit: Entschlossenheit im Angesicht von Widrigkeiten, ohne sich von Kritik oder Verurteilung beirren zu lassen.

Bindung an Tugenden wie Gottesfurcht, Aufrichtigkeit, Bescheidenheit und Dankbarkeit: Wissenschaft als Wegweiser, begleitet von umfassender Bildung und einer Harmonie von Herz und Verstand.

Einladender Charakter: mit einer auf Vorbildlichkeit basierenden Verkündigung, die bei der eigenen Person beginnt und universelle Werte, Demokratie sowie Rechtsstaatlichkeit achtet.

Geist der Loyalität und Großzügigkeit: gekennzeichnet durch Altruismus, Sanftmut und ein geschwisterliches Verständnis, das von Opferbereitschaft getragen wird.

Kultur der Liebe und Toleranz: ein Dialog, der niemanden ausschließt, sowie das Streben, unter den Menschen stets mit Gott verbunden zu sein.

Bescheidenheit und Würde: eine Haltung, die es vorzieht, beim Übernehmen von Verantwortung an vorderster Front, bei Belohnungen jedoch im Hintergrund zu bleiben, inspiriert von einer tiefen Hingabe.

Wurzeln in den Grundlagen der Religion: Im Einklang mit der Tradition der *Ehl-i Sunna* und der anatolischen Interpretation des Islam, verbunden mit Respekt für das Heilige und die Offenbarungsschriften.

Geduld und Weitblick: Ein Leben in Bescheidenheit, Genügsamkeit und Enthaltsamkeit, das von Vernunft und Balance geprägt ist.

Ablehnung von Machiavellismus: stattdessen ein Handeln, das auf Vernunft und ethischen Prinzipien basiert.

Sensibilität im Stil und in der Methodik: ohne Ängste oder Vorurteile zu schüren, stets im Gleichgewicht und in Übereinstimmung mit moralischen Maßstäben.

Ablehnung jeglicher Art von Radikalismus, Gewalt und Extremismus: ein Handeln, das im Einklang mit dem Geist der Zeit auf Einheit und Solidarität ausgerichtet ist.

Transparenz und kollektiver Verstand: Entscheidungen werden durch Beratung und mit einem Geist des Vertrauens und der Ernsthaftigkeit getroffen.

Zurückhaltung und Achtung vor Missverständnissen: Vermeidung von Handlungen, die zu Misstrauen führen könnten, und ein Handeln, das der menschlichen Natur gerecht wird.

Effizienz und Organisation: Konzentration auf Wesentliches, mit klarer Arbeitsaufteilung und einem Geist der Hingabe, der von Kontinuität und Ausdauer geprägt ist.

Distanz zur Politik: ein klarer Verzicht auf Interessenpolitik oder auf Spaltungen basierende Ideologien.

Flucht nach vorn, wenn nötig: mit der Hoffnung erfüllt, ein Hoffnungsträger für die gesamte Menschheit zu sein.

> Hodschaefendi war nicht nur ein Mann des Dialogs, sondern auch ein Brückenbauer zwischen unterschiedlichen Gesellschaftsgruppen und Kulturen

Das Vermächtnis von Hodschaefendi

Ein praktischer Weg von Koran und Sunna:

Die Grundlage des Dienstes ist die koranische Vernunft. Einige wesentliche Merkmale dieses Weges sind:

Gemeinsames Handeln im kollektiven Bewusstsein: Entscheidungen werden durch gemeinsame Überlegungen *(schura)* getroffen. Diese kollektive Zusammenarbeit garantiert Einheit und Zusammenhalt.

Beispiel des Propheten: Der Koran betont gemäß Sure 42:38 das Prinzip der Beratung.

Auch der Prophet Muhammed (Friede & Segen sei mit Ihm) praktizierte dies vor der Schlacht von Uhud. Obwohl seine persönliche Meinung eine Verteidigung innerhalb Medinas vorsah, folgte er der Mehrheit und führte die Muslime in die Schlacht. Trotz der Verluste und Verletzungen zeigte er Sanftmut und Barmherzigkeit gegenüber seinen Gefährten, was eine bleibende Wirkung hinterließ.

Haltung und Prinzipien im Dienst:

Das Ziel sollte stets beispielhaftes Verhalten und die Förderung von Einheit und Solidarität sein.

Die Menschen sollten einander einladen und umarmen – dies ist die Zeit der Versöhnung.

Mit Entschlossenheit und Hoffnung fortfahren, jedes Werk mit Perfektion und Verantwortungsbewusstsein ausführen.

Die Mittel beachten und im Anschluss mit Demut zu Gott beten.

Den Erfolg nicht sich selbst zuschreiben – alles Gute kommt allein von Gott.

Gebet und Besinnung:

„O Barmherziger Herr, belohne Hodschaefendi mit Deinem Paradies, vereine ihn mit dem Propheten und seinen engsten Freunden. Lass uns seinen Weg der Aufrichtigkeit fortführen, bewahre uns vor Eitelkeit und Weltlichkeit und hilf uns, sein Erbe mit Aufrichtigkeit und Brüderlichkeit zu bewahren."

Mögen sein Glaube, seine Entschlossenheit und seine Weisheit weiterhin ein Licht für uns und kommende Generationen sein.

“

In der Kunst steht der Horizont der Seele und das Metaphysische sinnbildlich für den Zugang zu unterschiedlichen Dimensionen der Ästhetik. Man könnte sogar sagen, dass die Kunst ihre wahre Tiefe und farbliche Dimension erst durch einen solchen Horizont entfaltet.

Denn was der Künstler tut, besteht darin, die intime Beziehung zwischen unseren inneren Gefühlen und der Existenz aufmerksam nachzuspüren. Er übersetzt die sich dadurch in ihm aufwallenden Gefühle, die glühende Aufregung und die drängende Spannung mit Hilfe seiner inneren Wahrnehmungskraft in Klang und Ausdruck.

Anschließend ordnet er diese in harmonische Kompositionen und präsentiert sie uns, indem er in unser Innerstes ein Bild malt, das zeigt, wie alles in uns unaufhörlich nach seiner eigentlichen Quelle strebt.

Anders ausgedrückt: Der Künstler ist ein metaphysischer Held. Er verbindet die Inspirationen, die seine Gefühlswelt durchströmen und seine Seele umfangen – sei es ein einfacher Gegenstand oder ein Farbenspiel im Universum. Diese verbindet er, lässt sie ineinanderfließen und präsentiert sie uns als eine harmonische Einheit.

—aus Gedanken zu Kunst und Metaphysik,
Zeitschrift „Gerinnsel", Ausgabe 214

”

EIN WAHRER GEFÄHRTE

Thomas Michel, S. J.

Reverend Thomas Michel, S. J., ist katholischer Jesuitenpriester, Gelehrter des interreligiösen Dialogs und ehemaliger Sekretär für interreligiöse Angelegenheiten der Föderation der asiatischen Bischofskonferenzen.

Nach einem ganzen Leben, in dem er Gott treu diente, ist Fethullah Gülen nun zu seinem Schöpfer zurückgekehrt und hat seine Belohnung erhalten. In dieser Welt besteht sein Vermächtnis weiterhin in den Leben der zahllosen Männer und Frauen fort, die in seinen Lehren Inspiration und in ihm ein Vorbild fanden, dessen Leben sowohl zutiefst islamisch als auch ein Ausdruck wahrer menschlicher Rechtschaffenheit war.

Ich persönlich bin von Hodschaefendi gerührt worden und erachtete ihn als wahren Gefährten in Bezug auf unseren gemeinsamen Wunsch, Liebe und freundschaftliche Zusammenarbeit zwischen Muslimen und Christen aufzubauen. Ich werde seine Gegenwart bei unserem gemeinsamen Anliegen vermissen, und ich teile die Trauer und Freude vieler heute in der Hizmet-Bewegung und anderswo, die seinen Verlust betrauen, aber fest daran glauben, dass er seine ewige Belohnung erreicht hat.

HODSCHAEFENDI FETHULLAH GÜLEN: EINE PERSÖNLICHE WÜRDIGUNG

Paul Weller

Paul Weller, PhD, ist stellvertretender Direktor (UK) des Oxford Centre for Christianity and Culture, Regent's Park College; assoziiertes Mitglied der Fakultät für Theologie und Relig on der Universität Oxford.

Viel wurde bereits über das Leben, die Lehre und das Erbe von Hodschaefendi Fethullah Gülen veröffentlicht. Es ist wahrscheinlich, dass in den kommenden Jahren noch weitmehr geschrieben wird. Tatsächlich gehöre ich zu denen, die als Religionswissenschaftler zu dieser Literatur beigetragen haben. In dieser Sonderausgabe von Die Fontäne möchte ich jedoch die Gelegenheit nutzen, ein wenig persönlicher als sonst zu schreiben, nicht nur als Wissenschaftler, sondern auch als Individuum, das bestrebt ist, das Leben dialogisch und theologisch mit anderen auf dem Weg Jesu von Nazareth zu leben.

Im Laufe der Jahre lernte ich zu schätzen, dass es, um Hodschaefendi Fethullah Gülen und seine Lehre besser zu verstehen, wichtig war, ihm, entweder direkt oder indirekt, als verkörpertem Lehrer und Mensch des Gebets zu begegnen. Und mir war das Glück beschieden, das Privileg zu haben, ihn persönlich bei zwei Gelegenheiten zu treffen. Beide fanden im Golden Generation Retreat Centre in Pennsylvania, USA, statt. Das erste Mal war im Dezember 2017 während eines Aufenthalts im Zusammenhang mit einem Forschungsprojekt über seine Lehre und Praxis und die Entwicklung von Hizmet in Europa, das schließlich zur Veröffentlichung von zwei Büchern führte[1]. Das zweite Mal war im Februar 2023, als er offensichtlich bereits sehr gebrechlich war, ich allerdings die Ehre hatte, ihm persönlich ein Exemplar dieser Bücher zu überreichen.

Bei der ersten Gelegenheit hatte ich ihm drei kleine Geschenke präsentiert, nämlich: etwas Tee, den ich aus England mitgebracht hatte, als typisches englisches Getränk (obwohl es natürlich ursprünglich aus China stammt); ein Buch über die Geschichte des Regent's Park College, das als Permanent Private Hall der Universität Oxford gegründet wurde, um baptistischen Christen, die vom regulären Hochschulsystem ausgeschlossen waren, eine Chance zu geben; und in Anbetracht der Erfahrungen vieler in der Hizmet-Bewegung nach den Ereignissen in der Türkei im Juli 2016 und der schweren Last, die er diesbezüglich offensichtlich empfand, fühlte ich mich schließlich dazu bewogen, die Seligpreisungen Jesu aus dem christlichen Neuen Testament (Evangelium nach Matthäus, Kapitel 5, Verse 3 – 10) zu rezitieren:

3 Selig sind, die arm sind vor Gott;
denn ihnen gehört das Himmelreich.

4 Selig sind die Trauernden;
denn sie werden getröstet werden.

5 Selig sind die Sanftmütigen;
denn sie werden das Land erben.

6 Selig sind, die hungern und dürsten nach der Gerechtigkeit;
denn sie werden satt werden.

7 Selig sind die Barmherzigen;
denn sie werden Erbarmen finden.

8 Selig sind, die reinen Herzens sind;
denn sie werden Gott schauen.

9 Selig sind die Friedensstifter;
denn sie werden Söhne Gottes genannt werden.

10 Selig sind, die um der Gerechtigkeit willen verfolgt werden;
denn ihnen gehört das Himmelreich.

Im Zusammenhang mit dieser Rezitation erklärte ich: „Das ist mein Gebet als gläubiger Mensch" und dass „ich mein Bestes in meiner akademischen Arbeit im Dienste der Wahrheit tun werde"[2]. Und bemerkenswerterweise wurde, genau als ich die Seligpreisungen rezitierte, im Zentrum der Adhan (Gebetsruf) übertragen, und die beiden mischten sich für einige Momente, die seitdem zu den bewegendsten in meinem Leben gehören.

Die Seligpreisungen betreffend, erklärte Mustafa Özcan später, dass Hodschaefendi um eine türkische Übersetzung gebeten hatte; und nachdem er die Bedeutung gehört hatte, sagte er, dass Jesus (Friede & Segen sei mit ihm) sich in diesen Worten nicht nur auf die Menschen seiner Zeit bezogen habe, sondern auch auf diejenigen, die in Zukunft kommen werden[3]. Ebenfalls im Hinblick auf diese Episode erklärte Muhammed Çetin (dessen Doktorarbeit über Hizmet ich betreuen durfte), dass Hodschaefendi,

Das ist mein Gebet als gläubiger Mensch: Ich werde mein Bestes in meiner akademischen Arbeit im Dienste der Wahrheit tun

obwohl er ursprünglich geplant hatte, sich in etwas, das er zu der Zeit verfassenwollte, auf die Sufi-Meister zu beziehen, um darüber zu schreiben, wie die Negativitäten moderner Menschen angegangen werden könnten, nachdem er von den Seligpreisungen inspiriert worden war, dachte, dass er in diesem speziellen Text vielleicht den Fokus auf die Geschichte der Propheten (Friede sei mit ihnen allen) und darauf verlegen sollte, was sie darüber lehrten, wie menschliche Schwächen überwunden werden können[4].

Das zweite Mal, dassich Hodschaefendi Fethullah Gülen treffen konnte, ereignete sich im Februar 2023, als er bereits sehr gebrechlich war. Aber ich hatte dennoch das Privileg, ihm Exemplare meiner Bücher zu überreichen. In Bezug darauf berichtete Hakan Yeşilova, dass Hodschaefendi beim Erhalt auf Türkisch geantwortet hatte: „Başımın üstüne alırım", was, typisch für seine gnädige Bescheidenheit, bedeutete, dass er sie sowohl mit Freude als auch mit einem Gefühl der Verantwortung angenommen hatte.

Da Hodschaefendi so freundlich war, meine Versuche zu würdigen, etwas über seine Person und Lehre auszusagen, werde ich so kühn sein, diese persönliche Würdigung mit meinen eigenen Worten aus dem Schlussabschnitt eines dieser Bücher abzuschließen, nämlich: „... letztendlich wird das kreative Erbe Gülens nicht so sehr in dem substanziellen Korpus seiner übernommenen Lehre zu finden sein, obgleich dieser weiterhin voller Themen ist, die in Zukunft wichtig bleiben werden; auch nicht in der Verehrung seiner Person und/oder Praxis, so unvermeidlich dies angesichts der Inspiration, die er so vielen Leben gebracht hat, auch sein mag; oder im Kopieren historischer Hizmet-Initiativen, so gültig und wichtig sie für ihre Kontexte und Zeiten auch gewesen sein mögen, sondern vielmehr in einem dynamischen methodologischen Aufruf zu kontinuierlich erneuerter und kontextualisierter Auseinandersetzung mit religiösen und spirituellen Quellen, die auf Liebe und den Menschen zentriert sind"[5].

Anmerkungen

1. P. Weller (2022), Fethullah Gülen's Teaching and Practice: Inheritance, Context, and Interactive Development | SpringerLink und P. Weller (2022), Hizmet in Transitions: European Developments of a Turkish Muslim-Inspired Movement | SpringerLink
2. P. Weller (2022), Fethullah Gülen's Teaching and Practice, S. 75.
3. Für die ursprünglich zitierte Formulierung siehe P. Weller (2022), Fethullah Gülen's Teaching and Practice, S. 103 – 104.
4. Für die ursprünglich zitierte Formulierung siehe P. Weller (2022), Fethullah Gülen's Teaching and Practice, S. 104.
5. P. Weller (2022), Fethullah Gülen's Teaching and Practice, S. 243.

DAS LICHT BLEIBT

Scott Alexander

Scott C. Alexander, PhD, ist Professor für Islamische Studien und christlich-muslimische Beziehungen, Direktor des Interschool Doctor of Ministry Program und Vorstandsmitglied bei der Alliance for Shared Values und der Niagara Foundation.

„Wir gehören Gott und zu Gott werden wir zurückkehren."

Gewähre ihm ewige Ruhe, o Herr,

und lass ewiges Licht auf ihn scheinen.

Mögen seine Seele und die Seelen aller verstorbenen Gläubigen

durch Gottes Gnade

in Frieden ruhen ...

... und möge seine Erinnerung ein Segen für uns alle sein.
Amen.

In Solidarität mit Ihnen und Ihren Familien betrauere ich das Verscheiden eines Mitreisenden in die Ewigkeit, dessen Aufenthalt in der Welt einen solch transformativen Effekt auf Millionen von Leben um den Globus hatte – unseres geliebten Hodschaefendi, M. Fethullah Gülen. Möge Gott mit ihm zufrieden sein und ihm Gnade gewähren.

In Sūrat al-Nūr ruft der Heilige Koran uns dazu auf, über das Mysterium von Gottes unfehlbarer und allgegenwärtiger Präsenz in unseren Leben nachzudenken. Der berühmte „Lichtvers" (Āyat al-Nūr) bietet eine erhabene Metapher dar, mit der er uns dazu einlädt, uns Gott so vorzustellen, wie Gott wirklich ist: als „das Licht der Himmel und der Erde".

Der Vers legt nahe, dass wir den einen, wahren Gott nicht als innerhalb der Grenzen des materiellen Seins existierend und an diese gebunden verstehen sollen, sondern unsere Erfahrung in Bezug auf Gott so betrachten sollen wie die in Bezug zur Sonne, welche – ganz gleich, wie es um unsere eigenen Leben und Herzen steht – unermüdlich vom Morgengebet bis zum Abendgebet die Erde in Licht taucht.

Genau wie die Sonne unaufhörlich die physische Welt erhellt, wird uns gelehrt, dass Gott sämtliche Existenz – sowohl die sichtbare als auch die unsichtbare – mit einem übernatürlichen Licht erfüllt, das jedwede Dunkelheit und Hoffnungslosigkeit vertreibt und es uns ermöglicht, die überwältigende Schönheit und Großartigkeit von Gottes Werk zu bezeugen sowie unseren eigenen Platz darin zu erkennen, so vage das auch erfolgen mag.

Der Vers verleiht der Metapher daraufhin weitere Struktur und Tiefe, indem er einen atemberaubenden Vergleich aufstellt, der uns sagt, dass Gottes Licht auf eine Weise in der Welt vermittelt und verbreitet wird, die der entspricht, wie das Licht in den Räumen unserer eigenen irdischen Behausungen verbreitet wird: von einer besonderen Ecke oder Nische (*mishkāt*) aus, in der eine facettenreiche kristallene Lampe (*miṣbāḥ*) hängt.

Wenn ich über die tiefe Trauer und Fassungslosigkeit nachdenke, die viele von uns angesichts des Verlusts von Hodschaefendi erleben, kann ich nicht anders, als sie mit dem Erlöschen einer geschätzten Lampe zu vergleichen, die in den Räumen unser aller Leben schien.

Ich kann nicht anders, als unsere kollektive Erfahrung in Bezug auf das Verscheiden unseres geliebten Hodschaefendi mit dem zu vergleichen, was die Jünger Jesu, Friede sei mit ihm, dem Evangelium zufolge empfanden, als sie glaubten, der Tod habe Christus für immer von ihnen fortgerissen; oder mit dem, was die Sīrah als die Trauer, Beklemmung und sogar Panik der frühen Umma porträtiert, als es schien, dass die Lampe aller Lampen, möge Gott ihn segnen und ihm Frieden gewähren, letztendlich zu einer Reise aufgebrochen war, von der er nie zurückkehren würde – eine derart tiefgründige Panik, dass einige seiner engsten Gefährten sich, wie die Tradition berichtet, vorübergehend weigerten, die Nachricht über den Tod des Propheten zu glauben.

Und gerade als diese Trauer und dieses Gefühl der Panik mich zu überwältigen drohen, da Hodschaefendi sich nun auf die gleiche Reise zurück zu seinem Schöpfer aufgemacht hat, werde ich an die Lektion der Hoffnung und Widerstandsfähigkeit erinnert, die ein jeder und eine jede von uns aus dem Ableben aller Propheten und Gesandten Gottes, Friede sei mit ihnen, ziehen soll; und in der Tat auch aus dem Ableben aller Freunde Gottes, Frauen und Männer wie Hodschaefendi, dessen Vorbild dabei hilft, die Wege unserer eigenen Lebensreisen zu beleuchten.

> „das Licht bleibt, auch wenn die Lampe nicht länger da oder für uns zu sehen sein mag

Die Lektion lautet, dass das Licht bleibt, auch wenn die Lampe nicht länger da oder für uns zu sehen sein mag.

Dieses Licht, mit dem wir durch Hodschaefendi gesegnet wurden, kann nur bleiben. Es bleibt, weil es im Grunde das ewige Licht des Einen ist, dem jeder und jede Einzelne von uns gehört und zu dem wir alle zurückkehren, vom Tag, an dem wir im Mutterleib gezeugt wurden, bis zu unserem letzten Atemzug.

Obgleich die Lampe unseres geliebten Lehrers und Bruders fort ist, bleibt das Licht, das durch ihn schien, bestehen.

Es bleibt bestehen in den Herzen von uns allen, die es empfingen, während er am Leben war.

Also lasst uns Trost darin finden und lasst uns zugleich auch unter dem Joch der Verantwortung zittern, die uns nun aufgeladen wurde.

Wenn es unser Wunsch ist, die Erinnerung und das kostbare Vermächtnis des Hodschaefendi zu ehren, dann lasst uns tun, was er, das weiß ich, von uns wollen würde.

Lasst uns anerkennen und bekräftigen, dass die Lampe seines irdischen Lebens zwar nicht mehr ist, das Licht Gottes jedoch fortbesteht.

Und lasst uns zugleich in bescheidener und hoffnungsvoller Erwartung erbeben, da die Verantwortung, die Lampen in den Räumen unserer Mitmenschen zu sein, nun bei jedem und jeder von uns liegt.

Lasst uns den gesegneten taklīf (die Verpflichtung) annehmen, diese Lampen im Dienste des allmächtigen Gottes zu sein, indem wir der Menschheit unermüdlich so helfen, dass alle Leute, besonders die armen und unterdrückten, Gottes heilendes, lebensspendendes und befreiendes Licht in der Dunkelheit und Hoffnungslosigkeit der endlosen Prüfungen und Belastungen dieser dunyā (Welt) erfahren mögen.

Möge Gott mit euch allen zufrieden sein – Allah razı olsun.

In Glaube, Hoffnung und Liebe.

“

Die Kunst ist wie ein magischer Schlüssel, der verborgene Schätze ans Licht bringt. Hinter den Türen, die sie öffnet, schlüpfen Gedanken in unterschiedliche Gewänder, und Träume nehmen regelrecht Gestalt an.

—aus Perlen der Weisheit

”

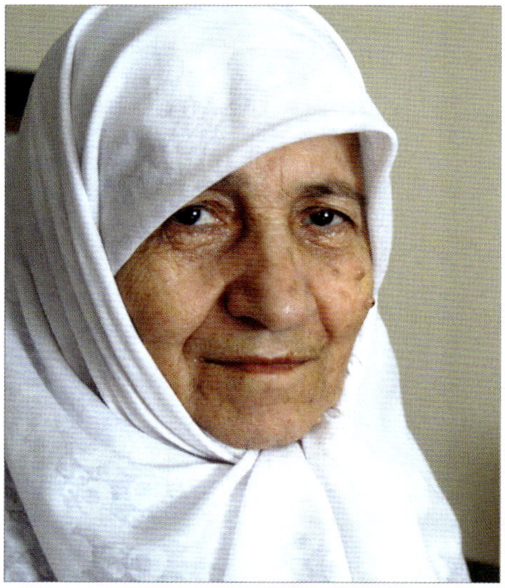

OBEN Gülen (Zweiter von links) im Haus des Volkes (Halk Evi) in Erzurum, wo er über Rumi referierte (1963).
MITTE RECHTS Gülens ältere Schwester Nurhayat.
UNTEN Gülen (links) mit anderen Geistlichen in Edirne (um 1959).

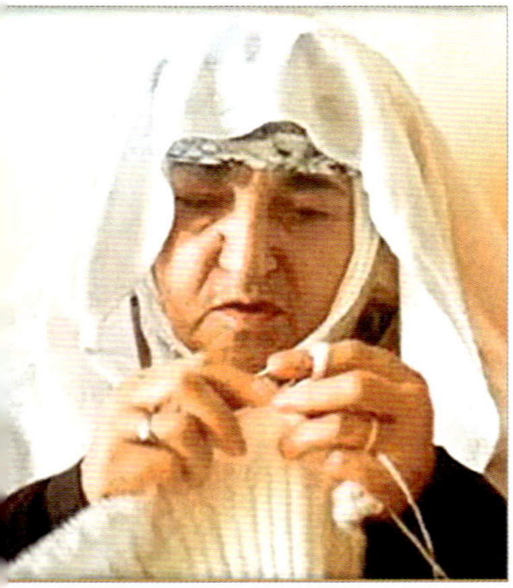

OBEN Gülens Mentoren:
Refia Hanım, seine Mutter (gest. 1993), Ramiz, sein Vater (gest. 1974), Muhammed Lütfi (ganz rechts) (gest. 1956), und Belma Özbatur, seine Grundschullehrerin. Lütfi alias Alvarlı Efe war ein bekannter Gelehrter, Mystiker und Dichter. Seine tiefe Spiritualität hat Gülen nachhaltig beeinflusst.
MITTE Belma Özbatur, Gülens Lehrerin, mit ihren Schülern in Korucuk, Erzurum.
UNTEN Gülens Haus in Korucuk, Erzurum.

LINKS Er war Hauptredner auf dem Ebedi-Risalet-Symposium über das Leben des Propheten Mohammed im Jahr 1991
MITTE Gülen predigte nicht nur in der Moschee, sondern hielt auch Vorträge auf Symposien und in Kaffeehäusern.

Durch seine Bekanntheit wurde Gülen zur Zielscheibe, und nach dem Memorandum des Militärs von 1971 wurde ihm der Prozess gemacht. Mustafa Birlik (gest. 2012) (Zweiter von rechts) und viele Studenten der Risale-i Nur wurden ebenfalls vor Gericht gestellt. Ihr Anwalt, Bekir Berk (gest. 1992) (ganz links), war für seine energischen Klagen gegen das repressive Regime bekannt.

OBEN Gülen bei einer Veranstaltung der Journalists and Writers Foundation (JWF) im Jahr 1996. Die 1994 gegründete JWF war der Pionier des interreligiösen und interkulturellen Dialogs in der Türkei, bis sie 2016 ihre Büros nach New York verlegen musste. Die JWF war außerordentlich erfolgreich darin, führende Vertreter verschiedener ethnischer und religiöser Gruppen (Kurden, Armenier, Aleviten, sunnitisch-schiitische Muslime, Juden und Christen) an einen Tisch zu bringen, um Lösungen für drängende soziale Probleme zu finden und Unterschiede zu würdigen.
LINKS Gülen ist zusammen mit den ehemaligen Parlamentsabgeordneten Kasım Gülek (rechts von Gülen) und Hasan Celal Güzel (links von Gülen) zu sehen.

OBEN Der weltberühmte Fußballspieler Diego Maradona kam nach Istanbul, um das 1995 vom JWF organisierte Freundschaftsspiel zugunsten der bosnischen Kinder zu unterstützen.

Gülen traf persönlich mit führenden Vertretern der Weltreligionen zusammen und tauschte Botschaften des guten Willens und der Zusammenarbeit aus.

LINKS Bartholomäus I., Patriarch der orthodoxen Ostkirche.
OBEN Eliyahu Bakshi-Doron, oberster sephardischer Rabbiner von Israel.

LINKS Msgr. Marovitch mit einer christlichen Delegation, die Gülen besucht.

MITTE Papst Johannes Paul II. im Vatikan (1998) mit Msgr. Georges Marovitch, dem Vertreter des Vatikans in Istanbul, und Rüştü Kalyoncu, einem Freund Gülens.

Der berühmte türkische Sänger Barış Manço (gest. 1999) besucht Fethullah Gülen in Altunizade, Istanbul. Manços Wertschätzung der Hizmet-Schulen wird in Kapitel 4 erzählt, einschließlich einer faszinierenden Geschichte, die in Chiang Mai, Thailand, spielt.

Der Weg Gülens hat sich im Laufe der Jahrzehnte mehrfach mit dem führender Politiker der Türkei gekreuzt, unabhängig von ihrer ideologischen Position im politischen Spektrum.

OBEN Gülen traf sich einige Male mit dem ehemaligen Premierminister Bülent Ecevit. Ecevit war ein prinzipientreuer Säkularist und setzte sich dennoch für Gülen ein, insbesondere als Gülen und viele prominente religiöse Persönlichkeiten vom Militär unter Druck gesetzt wurden, das die Regierung 1997 mit einem „postmodernen Putsch" zum Rücktritt zwang.

LINKS Der ehemalige Staatspräsident Süleyman Demirel bei einer JWF-Veranstaltung mit Gülen. Er schrieb Empfehlungsschreiben, um die Eröffnung von Schulen im Ausland zu erleichtern.

Die ehemalige Ministerpräsidentin Tansu Çiller ist mit Gülen bei der Eröffnungsfeier der Bank Asya (1996), einer zinslosen Bank, die von Hizmet-nahen Geschäftsleuten gegründet wurde. Frau Çiller schneidet das Band mit dem ehemaligen Präsidenten Abdullah Gül (damals Staatsminister) und Recep Tayyip Erdoğan (damals Bürgermeister von Istanbul) durch. Ironischerweise übernahm derselbe Erdoğan die Leitung der Bank und schloss sie nach dem Putschversuch im Jahr 2016 ganz).

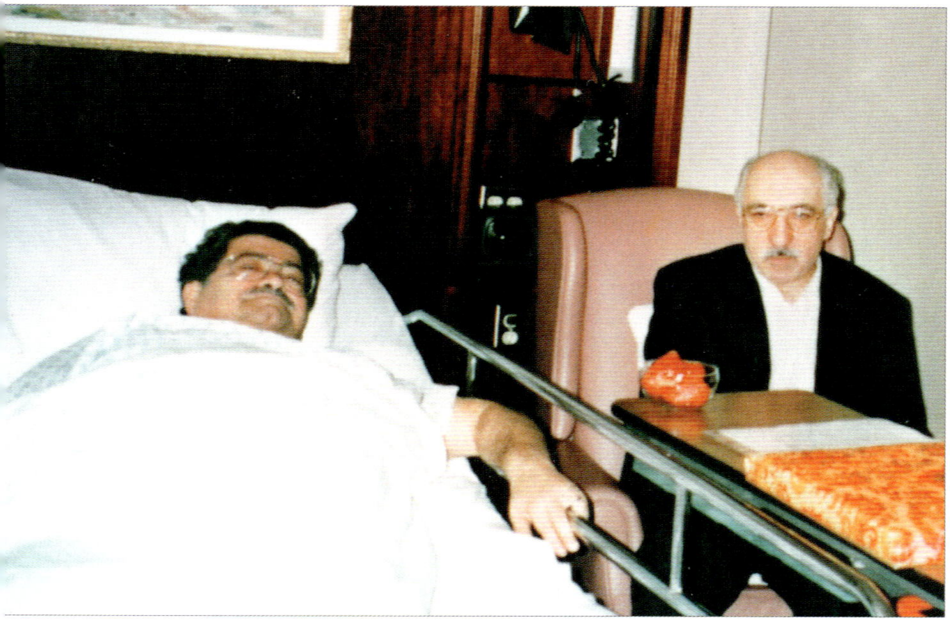

Gülen besuchte den ehemaligen Präsidenten Turgut Özal in Dallas, wo Özal 1992 operiert wurde. Herr Özal unterstützte Hizmet sehr; er setzte sich mit den Präsidenten anderer Länder für die Hizmet-Schulen ein und besuchte sie, wenn er die Gelegenheit dazu hatte.

Die 1990er Jahre waren sehr aktive Jahre für Gülen- und Hizmet-Akteure. Während sie sich an verschiedene Gemeinschaften und Einzelpersonen wandten, um den Dialog zu fördern, eröffneten Hizmet-Teilnehmer auch Schulen in der ganzen Türkei und im Ausland.

MITTE LINKS das Serhat-Gymnasium in Edirne, der nordwestlichen Provinz der Türkei, die an Griechenland und Bulgarien grenzt.
MITTE RECHTS Gülen bei einer seiner letzten Predigten in der Moschee Anfang der 90er Jahre.
LINKS das Mehmet Döğme-Schlafsaalgebäude in Kilis nahe der türkischen Grenze zu Syrien (1990). Wann immer er konnte, kam er mit seiner Familie zusammen (unten mit Bruder Sıbgatullah). Manchmal half er dem Personal des Wohnheims in Altunizade, wo er im 5. Stock wohnte.

Fethullah Gülen zog 1999 in die Vereinigten Staaten. Seitdem lebt er im Golden Generation Worship and Retreat Center (auch bekannt als Camp Chestnut) in Saylorsburg, PA, wo er ein Leben in Gebet, Studium und Lehre führt.

OBEN Jon Pahl mit Fethullah Gülen in seinem Haus in Saylorsburg, PA (8. Februar 2018)

LINKS Seit den 1970er Jahren schreibt Gülen für eine Reihe von Zeitschriften wie Sızıntı, (jetzt Çağlayan). Seine Essays wurden auch für The Fountain (Englisch), Die Fontäne (Deutsch), Hira (Arabisch), Mata Air (Indonesisch) und Grani Misli (Russisch) übersetzt. Wenn er verfügbar ist, prüft Gülen vorgeschlagene Artikel und berät sich mit den Redakteuren über den Inhalt dieser Veröffentlichungen.

An einem gewöhnlichen Tag, wenn nicht gerade ein Krankenhausbesuch (links) oder ein Interview (oben, mit BBC) ansteht, ist Gülen damit beschäftigt, morgens mit seinen Schülern klassische islamische Texte zu lesen, Gespräche mit Gästen zu führen und an Gruppengebeten vor dem Abendgebet teilzunehmen (mitte rechts). Ein- bis zweimal pro Woche hält e Vorträge, die unter www.herkul.org (mitte links) veröffentlicht werden.

HERSHEY'S

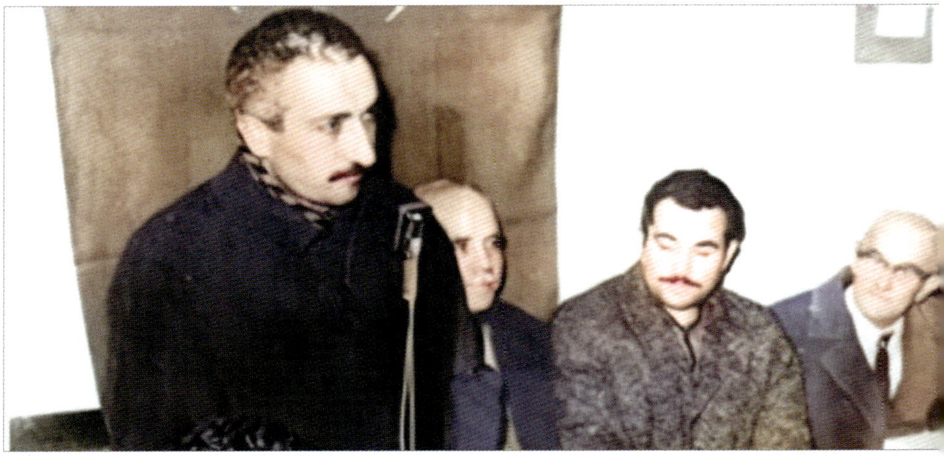

Ramadan ist ein Monat des Segens, der Besinnung und des Friedens, in dem Muslim:innen versuchen, ihrem Schöpfer näherzukommen. Es ist ein Monat, in dem sie tagsüber fasten und ihre Spiritualität pflegen und in den Abendstunden zum gemeinschaftlichen Mahl mit der Familie und Freunden zusammenkommen. Ähnlich wie Ostern und Weihnachten hat sich der Ramadan mittlerweile im deutschsprachigen Raum etabliert. So treffen sich inzwischen auch Muslime und Nichtmuslime und lernen sich und ihren jeweiligen Glauben kennen.

Die Zeitschrift Fontäne widmet sich in dieser Sonderausgabe einigen Aspekten des Ramadans, um das Verständnis dieser islamischen Tradition zu fördern.

deinbuchshop.de

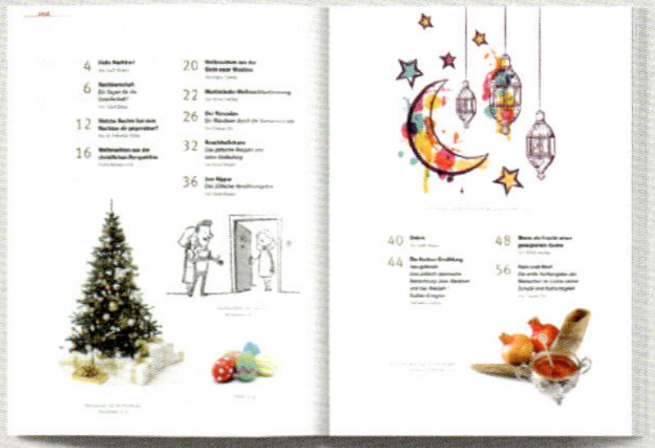

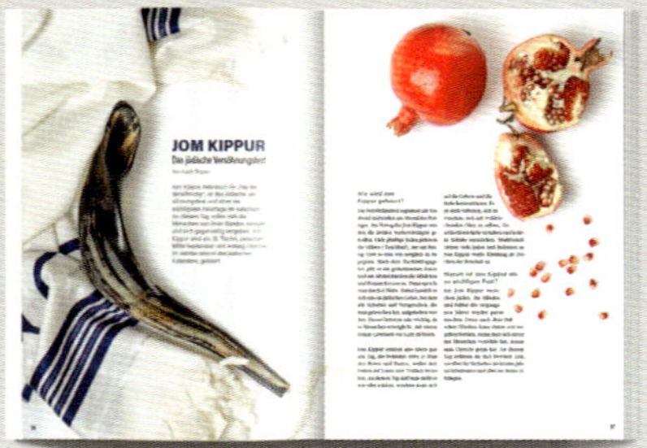

Die Gemeinschaften dieser Offenbarungen, die Nächsten in dieser Karawane, Juden, Christen und Muslime, haben verschiedene Feierlichkeiten innerhalb eines Jahres, in denen sie die bedeutsamen Ereignisse ihrer Geschichte feiern. Von Rasch ha-Schana bis Weihnachten, von Kurban bis Ramadan wollen wir diese Sternstunden des Jahres in dieser Sonderausgabe der Fontäne vorstellen, um für Verständnis und Respekt zwischen den Religionen zu werben.

Zwar liegt der Schwerpunkt dieses Heftes auf den Festen der abrahamischen Religionen, doch als Mitmensch werden ausdrücklich auch jene umarmt, die ihnen nicht angehören, und über ihre Rechte als Nachbarn, bei der Arbeit, in der Schule oder zuhause gegenüber den Gläubigen werden dargelegt.

Besonderer Dank gilt

STIFTUNG DIALOG UND BILDUNG

BUND DEUTSCHER DIALOG INSTITUTIONEN

timetohelp – www.timetohelp.eu

abg Islamische Akademie für Bildung & Gesellschaft

Forum für Interkulturellen Dialog

FORUMDIALOG – Gemeinsame Werte · Gesellschaftliche Vielfalt

IDIZEM – Interkulturelles Dialogzentrum e.V.

GfD Gesellschaft für Dialog Baden-Württemberg

GfD Gesellschaft für Dialog Baden-Württemberg

FORUMDIALOG – Gemeinsame Werte · Gesellschaftliche Vielfalt – Hamburg

FORUMDIALOG – Gemeinsame Werte · Gesellschaftliche Vielfalt – Niedersachsen

dialog·nrw – Vielfalt · Begegnung · Engagement

ruhrdialog – neue Akzente in der Gesellschaft

Leseclub Ruhr e.V.

impuls

ISLAM AKADEMIE

ikult

FORUMDIALOG – Gemeinsame Werte · Gesellschaftliche Vielfalt – Mitteldeutschland

mevlana rumi e.V.

die fontäne

Nr. 107 / Januar – März 2025

IMPRESSUM

REDAKTION
Wilhelmstr. 29 A/2
13 593 Berlin
info@diefontaene.de
www.diefontaene.de

CHEFREDAKTEUR
Dr. Arhan Kardaş

EDITOR
Yasin Cakir

STÄNDIGE MITARBEITER
Felix Stein, Dr. Frank Giesenberg,

ART DIRECTOR
Metin Akbas

GRAFIKDESIGN
Onur Alka

BILDREDAKTION
Beyzagül Uğurlu

KORRESPONDENTEN
Leipzig Tayyar Koçak
Zürich Dr. Metin Aysel

BERATERGREMIUM
Prof. Dr. İrfan Yilmaz, Hilal Akdeniz, Ercan Karakoyun, Ejder Sabancı, Eyüp Beşir, Kadir Boyacı, Celal Fındık

BILDQUELLENNACHWEIS
Adobe Stock

HERAUSGEBER
Linemarketing GmbH
Wilhelmstr. 29 A/2
13 593 Berlin
E-Mail: info@diefontaene.de
abo@diefontaene.de

AUSLANDSVERTRIEB
Sürat Handels GmbH
Rotenturmstr. 1–3/31 010
Wien Austria
Tel. : +43 (0)1 958 00 21

ERSCHEINUNGSWEISE
Überregional vierteljährlicherscheinende Publikation

ISSN
1301–9120

DRUCK
DEUTSCHLAND 2025

Die Fontäne übernimmt keinerlei Verantwortung für die Inhalte der einzelnen Artikel. Jeder Artikel spiegelt ausschließlich die persönliche Meinung des jeweiligen Autors bzw. der jeweiligen Autorin wider.